从零到一

开启虚拟资产新纪元

主　编

周法兴

副主编

吴骊姗

孙久龄

林　靖

董佳艺

王一军

中国财经出版传媒集团

经济科学出版社

Economic Science Press

·北　京·

图书在版编目（CIP）数据

从零到一 ： 开启虚拟资产新纪元 / 周法兴主编 ；
吴骊姗等副主编. -- 北京 ： 经济科学出版社，2025. 7.（2025. 10重印）
ISBN 978-7-5218-7184-5
Ⅰ. F014. 39

中国国家版本馆 CIP 数据核字第 2025G4H383 号

责任编辑：杨　洋　杨金月
责任校对：郑淑艳　齐　杰
责任印制：范　艳

从零到一：开启虚拟资产新纪元
CONGLING DAOYI：KAIQI XUNI ZICHAN XINJIYUAN
主　编　周法兴
副主编　吴骊姗　孙久龄　林　靖
董佳艺　王一军
经济科学出版社出版、发行　新华书店经销
社址：北京市海淀区阜成路甲 28 号　邮编：100142
总编部电话：010-88191217　发行部电话：010-88191522
网址：www.esp.com.cn
电子邮箱：esp@esp.com.cn
天猫网店：经济科学出版社旗舰店
网址：http：//jjkxcbs.tmall.com
北京季蜂印刷有限公司印装
710 × 1000　16 开　17.75 印张　220000 字
2025 年 7 月第 1 版　2025 年 10 月第 4 次印刷
ISBN 978-7-5218-7184-5　定价：98.00 元

编 委 会

主　　编：周法兴

副 主 编：吴骊姗　孙久龄　林　靖　董佳艺
　　　　　王一军

编写人员：张　瑾　史习乐　黄　凯　周思涵
　　　　　韩琪琪　董　滢　姚军柯

序　言

2025 年 1 月 18 日，美国总统唐纳德·特朗普推出个人加密货币 Meme 币，首日市值一度达到 40 亿美元。从特朗普对待比特币观念的转变，到国内虚拟货币司法审判案例增多。从萨尔瓦多将比特币定为法定货币，到华尔街机构争相布局虚拟资产托管。从稳定币、现实世界资产代币化（RWA）的国内外热议，到央行数字人民币的发展。从非同质化代币（NFT）艺术品拍卖创下天价纪录，到元宇宙地皮交易催生新型产权体系，虚拟资产正逐步进入大众视野。虚拟资产是数字经济的重要组成部分，虚拟资产与数字经济的结合既是技术革命的产物，也是经济范式转型的必然，其在提升效率、降低成本和创造新价值方面的潜力不可忽视，前景广阔。当前国内对于虚拟资产特别是虚拟货币的发展持审慎和限制态度，尽管虚拟货币去中心化特点，会为其带来诸多不确定性、复杂性、风险性，但这更可能被某些大国当作博弈的经济策略工具。因此，我们需在战略层面关注外部市场，更需加强国内理论研究和实践应用，以更加开放和务实的态度对待虚拟资产特别是虚拟货币的发展。

我们认为，当前既要认识虚拟资产未来必来的事实，更要研判虚拟资产可能是对传统资产一场革命的发展趋势，深刻影响着政府、企业、居民资产负债表。虚拟资产已经在金融领域掀起了一番波浪，虚拟货币特别是稳定币的出现，对跨境支付业务、承贷业务、资产支持证券业务等传统金融业务，特别是银行业务产生了颠覆性冲击。这背后不仅仅是涉及资产化、资本化、货币化的大国博弈，而是涵盖经济社会包括财税、司法、会计、评估、国安等诸多领域。从新事物发展的客观规律看，对虚拟货币乃至虚拟资产的认识是曲折和反复的，对其战略意义的重要性和加以监管的认识是逐步清晰的。当前虚拟资产的发展日新月异，有必要以"顺应趋势、未雨绸缪、应对变革"为初心，从理论到实践、从国内到国外、从保护到监管等多方面对其进行立体化、多维度的剖析，为虚拟资产投资爱好者、政策制定者、司法审判实践者、理论研究者提供有益参考。本书立足于虚拟资产迅猛发展这一时代背景，从多维视角解构虚拟资产的本质，探索其特性原理、应用场景和战略作用，试图从交易机制、评估与会计确认、法治化实践、罚没资产处置管理、监管体系构建等方面，为学界、实务界及管理部门提供系统性思考框架。

本书将虚拟资产划分为四大类别：虚拟货币、NFT 及数字藏品、游戏资产、社交媒体账号及附属权益。虚拟货币（如比特币、稳定币、以太坊）依托区块链技术，具有全球流通特性；NFT 及数字藏品通过智能合约确保唯一性和所有权可追溯性，重塑艺术与知识产权领域；游戏资产包含虚拟道具、装备、皮肤等，其价值源于游戏生态内的稀缺性与玩家共识；社交媒体账号及附属权益涵盖粉丝经济价值、内容创作权及账号商业变现能力，其估值体系依赖用户活跃度与平台规则。

虚拟资产的运作本质是基于区块链技术确权，通过市场共识赋予数字稀缺性，并依托供需关系与市场生态规则实现价值流转。虚拟资产特征包括数字化形态、价值认同、技术依赖、高风险与监管挑战等。具体来看：一是数字化与虚拟性。虚拟资产以数据形式存在，依赖互联网或区块链技术存储和流通，无实体形态。二是具有经济价值。虚拟资产可在市场上进行交易，实现价值的转移或增值。三是稀缺性与独特性。虚拟资产通过稀缺性或独特性实现价值，价值源于市场供需、社群认同或人为稀缺性（如限量发行、技术唯一性）。四是技术依赖与平台控制。虚拟资产确权、交易和功能实现高度依赖特定技术（如区块链、游戏服务器）或平台规则。五是权益模糊与高风险。虚拟资产所有权受平台规则或技术限制，法律保护不完善，面临安全漏洞与监管不确定性。

当前各国基于对虚拟资产保护和监管实践，纷纷出台了制度规范。部分国家对虚拟资产的交易持开放态度，整体上逐步顺应虚拟资产发展趋势。一些国家和地区已经出台了虚拟资产投资保护法案，其中多数国家采取分类监管思路，重点放在反洗钱和反恐怖融资行为上，并着重加强投资者保护。国际金融监管机构为防控虚拟资产给全球金融体系带来的风险，维护全球金融市场稳定，结合自身职责定位，也从不同研究角度提出了对虚拟货币等虚拟资产交易的监管主张和建议。国内层面，虽然严禁虚拟货币相关交易，但对于虚拟资产案件的司法审判和罚没处置已开始进行重点研究和实践。需要强调的是，当前中国香港地区作为先行示范区，已成为世界虚拟资产特别是虚拟货币发行交易的中心之一。

我们认为，未来国内对虚拟资产的管理要疏与堵结合，顺应世界潮流，监管需兼顾创新激励与风险防控，持续跟踪发展新趋势。短期内应聚焦反洗钱、分类监管和技术升级，长远看应通过推动制度建设、完善监管机制、加强国际合作等形成灵活且稳健的监管生态。同时，注重司法审判案例分析和罚没处置渠道探索，为公安、法院等执法司法实践提供借鉴。

本书的编写，系一家之言，观点看法尚不成熟，只是抛砖引玉，希望读者批评指正，共同推动虚拟资产发展的理论研究和实践应用。

目　录

第一章

绪　论

第一节　虚拟资产概述

一、概念界定

（一）国外关于虚拟资产的概念界定

2016 年日本在《支付服务法》（*Payment Services Act*，PSA）中将虚拟货币定义为“可以在不同主体之间进行转移支付或清偿债务的一种以法定货币计算，通过电子系统处理的财产价值”。该定义凸显了虚拟资产的以下特征：一是通过电子方式记录与转移；二是能够用于支付；三是不属于法定货币。2019 年 3 月，日本修改《支付服务法》，将“虚拟货币”的说法修改为“加密资产”（crypto-assets）。

2018 年国际反洗钱金融行动特别工作组（Financial Action Task Force on Money Laundering，FATF）在国际反洗钱标准《四十项建议》的术语表中新增了“虚拟资产”的定义（章丹霞，2022），认为虚拟资产是“价值的数字化表达”，可以进行数字交易或转移，并可用于支付或投资。法定货币、证券或其他金融资产的数字化表达不属于虚拟资产的范畴（李伟，2022）。

2019 年金融稳定理事会（FSB）发布的《虚拟资产：工作进展、监管方式和潜在差距》（*Cryptoassets*：*Work Underway*，*Regulatory Approaches and Potential Gaps*）将虚拟资产定义为主要使用加密技术、分布式账本或类似技术，并由此产生部分内在价值或感知价值的私营部门资产（FSB，2019；李文红，2020）。

2023年欧盟推出的《加密资产市场监管法案》(*The Markets in Crypto Assets Regulation Bill*，MiCA)是迄今为止最全面的加密资产监管框架，对全球加密资产监管立法和加密资产市场有着重大影响。MiCA对加密资产的定义和分类、监管对象等进行了明确规定：加密资产是使用分布式账本或类似技术进行传输和存储的价值或权利的数字化表示，主要可以分为加密货币、稳定币和资产代币化三类。其中，加密货币完全基于算法发行，没有任何资产储备或信用支撑，如比特币、以太坊；稳定币设有币值稳定机制，根据底层资产的不同，又可以分为资产参考代币（锚定一种或多种法定货币、商品、加密资产或上述资产的组合）和电子货币代币（锚定一种法定货币）两类（程益文，2025）；资产代币化是指将存款、债务、股票等金融产品或房地产等实物资产“上链”，成为区块链中的价值表现形式。由于第三类资产的风险与底层传统资产风险类似，MiCA明确只对前两类资产进行监管。

简单而言，如果一项资产可以通过数字化手段用于支付或交易，且不以法定货币计价，则通常属于虚拟资产的定义范畴。

（二）国内关于虚拟资产的概念界定

中国人民银行（以下简称央行）中国反洗钱监测分析中心原主任荀文均在2021首届陆家嘴国家金融安全峰会论坛上表示，可以将“虚拟资产”认定为除法定货币和有真正信用基础的金融产品之外的，通过加密技术、分布式账户或类似技术，以数字化形式记录、存储、交易、转移，充当支付媒介或投资标的的一种虚拟化价值载体。[①]

① 孙艺真，冯赛琪．央行荀文均：应明确虚拟资产的非金融属性　完善新兴虚拟资产监管政策［EB/OL］．财联社，2021-11-29.

2022 年，云南省人民检察院对网络虚拟财产作出如下释义：网络虚拟财产是一种无形资产，具有一般商品的属性，且具有真实财产的基本特征。2025 年，广州互联网法院结合对全国法院 2019~2024 年涉网络虚拟财产案件的梳理情况，在“网络虚拟财产民事司法保护路径分析及典型案例新闻发布会”上将加密货币、非同质化代币（NFT）、游戏类虚拟财产、网络账号等几类常见虚拟财产定义为网络建构类虚拟财产。

2022 年中国互联网金融协会、中国银行业协会、中国证券业协会在共同发布的《关于防范 NFT 相关金融风险的倡议》中指出，NFT 是一项区块链技术的创新应用。浙江大学国际联合商学院数字经济与金融创新研究中心联席主任、研究员盘和林对此作了进一步的解读：NFT 是非同质化货币，其主要是通过区块链不能复制、不能篡改的特性建立智能合约，以帮助数字资产实现权利确认。通过 NFT 技术建立智能合约，这些数字资产就有了唯一性，避免了被篡改、被复制的可能性，从而形成了一套有效的确权体系。

根据《文化部、商务部关于加强网络游戏虚拟货币管理工作的通知》第二条第十一款规定以及《网络游戏管理暂行办法（2017 修订）》第二十二条的规范内涵，并参照司法实践经验，游戏资产是指网民、游戏玩家在网络空间中所拥有支配的必须利用服务器的虚拟存储空间才能存在的财物，具体包括游戏账号、游戏货币、游戏装备等。

社交媒体账号是用户登录网络虚拟空间，支配使用网络虚拟财产的数字钥匙。在互联网发展的初期，社交媒体账号仅仅是用户进入自己专有的网络空间的一种代码，与财产毫无关系，但随着近年来网络技术的迅速发展，用户的虚拟财产价值越来越大，因而作为支配网络财产的门户密码的社交媒体账号也开始发挥着类似于银行卡的作用，经济价值逐步上升（冯思杰，2023）。

综上，本书将虚拟资产（virtual assets）界定为：依赖区块链等数字技术，存在于数字或虚拟空间中的资产，主要包括虚拟货币、非同质化代币（NFT）与数字藏品、游戏资产、社交媒体账号及附属权益等，其价值依赖于市场认可或使用场景。通俗来讲，虚拟资产就是存在于网络世界中的数字资产，虽然没有实体形态，但是具有真实的经济价值。

需要说明的是，本书在后续论述中多次提到数字资产（或加密资产）、加密货币（或数字货币）表述，关于“虚拟资产和数字资产”“虚拟货币和加密货币”，相关概念范畴不尽相同，各个国家和地区表述并不一致。鉴于虚拟资产与数字资产在本质属性上的高度关联性，以及虚拟货币与加密货币在技术与经济属性上也存在深层关联，为避免概念混淆，本书中数字资产等同于虚拟资产，加密货币等同于虚拟货币。

（三）传统资产和虚拟资产的区别

虚拟资产是一种完全不同于传统资产（有形资产、金融资产等）的新型资产概念。在存在形态方面，传统资产是以物理形式存在的，可以触摸、感知和使用，如土地、建筑物、机器设备等。虚拟资产以数字化形式表现，存在于网络虚拟世界中，看得见摸不着。

在价值方面，传统资产通常具有较长的使用寿命和相对稳定的价值，不容易瞬间损失价值。它们广泛用于投资、交易和风险管理等方面，被视为一种长期价值增长的潜力投资。虚拟资产的价值则高度依赖市场需求，没有固定的价值，并且流动性高，交易成本低。由于其具有灵活的商品网络架构、货币流动性高、交易成本低、隐私机制等特点，使得其转换和变现过程具有独特性。

在监管保护方面，传统资产受到法律制度的严格保护与约束，拥有者享有所有权，以及对其使用和处置的权利。虚拟资产没有银行作为中介，也没有公权力监管，其安全性主要依赖于技术手段和社区共识。同时，由于其转换涉及多个因素，如行业情况、市场气氛、投资者判断等，使得其变现过程相对复杂。

传统资产与虚拟资产的区别如表 1–1 所示。

表 1–1　传统资产与虚拟资产的区别

特点	传统资产	虚拟资产
存在形态	多以物理形式存在，可以触摸、感知和使用	多以数字化形式表现，看得见摸不着
价值	较长的使用寿命，相对稳定的价值	高度依赖市场需求，没有固定的价值
监管保护	受法律制度的保护与约束	依赖于技术手段和社区共识

二、产生背景

投资和避险需求。虚拟资产市场受到投机需求的强烈影响，投资者寻求快速获利，推动了需求激增。在某些经济不确定性和地缘政治紧张局势中，虚拟资产有时也会被视为避险资产，其需求因此增加。如中本聪发明比特币意在解决传统金融系统中的信任问题。

国际竞争的新赛场。在全球地缘政治动荡加剧、美国财政赤字居高不下、美国国债急剧攀升的大背景之下，以比特币为代表的加密货币资产正在受到广泛关注。美国政府正在从国家战略储备、稳定币立法和加密金融基础设施三个方面，加速构建三位一体的“数字美元霸权体系”，并试图以此将其在传统金融领域的全球霸权延伸至数字经济时代。

资产数字化的发展趋势。数字化生活方式的兴起，使得人们对数字化资产的需求增加。近两年，“元宇宙”一词火爆出圈，不管是投融资界，还是政府的规划或报告文件中，都频频提及元宇宙。所谓元宇宙，是指利用科技手段进行连接和创造的，与现实世界映射与交互的一个虚拟世界，具备了新型社会体系的数字生活空间。某种意义上可以说元宇宙是人类社会的一种数字化表达形式。元宇宙的运转离不开虚拟资产。从方兴未艾的数字藏品、虚拟数字人到最前沿的虚拟土地、虚拟建筑物、虚拟汽车、虚拟宠物等，元宇宙世界里的虚拟资产层出不穷，虚拟资产是元宇宙平台的重要组成部分。

对去中心化的客观需求。在抗风险层面，传统中心化系统（如银行、政府数据库、支付平台等）依赖单一权威机构，这存在系统瘫痪、腐败等风险。去中心化旨在通过分布式网络，让参与者共同维护系统，无须依赖单一可信第三方，从而提高系统的抗审查性、韧性和可靠性。如比特币的出现，就是为了建立一个不需要中央机构或中介的电子货币体系。在提高透明度层面，中心化系统的内部运作和数据往往不透明，而去中心化系统通常通过公开账本实现交易的透明化和可审计性，所有参与者可以验证规则是否被遵守。

区块链技术的发展。区块链是一种去中心化的分布式账本技术，能够确保交易的透明性和安全性，而无须依赖传统的中介机构。狭义来讲，区块链是一种按照时间顺序将数据区块以顺序相连的方式组合成的一种链式数据结构，并以密码学方式保证的不可篡改和不可伪造的分布式账本。广义来讲，区块链技术是利用块链式数据结构来验证与存储数据、利用分布式节点共识算法来生成和更新数据、利用密码学的方式保证数据传输和访问的安全、利用由自动化脚本代码组成的智能合约来编程和操作数据的一种全新的分布式基础架构与计算范式。区块链技术的出现为虚拟资产发展提供了技术基础，在传统的买卖交易中，最重要的基础是交易双方的互信，但很多交易双方都互不认识，所以需通过中央管理机构如中央银行、交易所等，辨别买卖双方身份、确认及记录交易。但与传统交易不一样，虚拟资产一般透过区块链，进行无须中央管理的去中心化交易。比特币是首个区块链应用，每一个参与者通过互联网连接比特币的网络，并成为“节点”，所有交易验证及记录将会分散地储存于这些独立的节点上。网络中的节点在交易时会尝试进行运算、核实及确认交易，并把相关数据加入区块链，从而获取特定数量的比特币作为回报，此过程称为“挖矿”。相关数据被组织成“区块”，并受密码学保护，按时间顺序排列与其他区块联结，形成区块链。所有参与者都可以查看区块链上的交易，但已加入区块链的交易不能修改或取消。

三、发展历程

（一）起源与早期发展（2008~2014 年）

1. 比特币的诞生与去中心化理念

2008 年，中本聪发布比特币白皮书，提出点对点电子现金系统，通过区块链技术实现去中心化交易，奠定了虚拟资产的底层技术基础。2011 年，比特币价格首次突破 1 美元，市场开始认可其价值属性。2013 年，比特币价格飙升至 1150 美元，① 投机热潮初现，但同年中国五部委发布通知，明确比特币为“虚拟商品”而非货币，抑制了其金融化应用，引发价格暴跌。

① 从一文不值到 2 万亿美元市值、比特币 16 年的进化之路［EB/OL］. 话李话外，2025-01-03.

2. 交易所风险暴露

2014 年，Mt.Gox 交易所因黑客攻击破产，暴露了虚拟资产存储与交易的安全隐患，推动行业反思托管与监管的必要性。

（二）市场波动与监管介入（2014~2017 年）

1. 技术扩展与智能合约革命

2015 年，以太坊上线并引入智能合约，推动代币化（如 ERC–20 标准）与去中心化应用（DApps）发展，扩展了虚拟资产的多样性。2016 年，The DAO 事件导致以太坊硬分叉，凸显了智能合约漏洞风险，但也强化了社区治理意识。

2. ICO 热潮与全球监管收紧

2017 年，首次代币发行（initial coin offering，ICO）融资模式爆发，大量项目通过代币发行募资，但泡沫迅速破裂。中国全面禁止 ICO 并关闭境内交易所，加速行业合规化进程，交易所转向海外市场。

（三）技术突破与生态扩张（2017~2021 年）

1. DeFi 与 NFT 的创新浪潮

2020 年，去中心化金融（DeFi）兴起，通过智能合约提供借贷、交易等金融服务，吸引数十亿美元的锁仓量。2021 年，NFT 市场爆发，数字艺术品和游戏资产成为新焦点，如《镜之光》等数字藏品推动虚拟资产向文化领域渗透。

2. 全球政策分化与合法化尝试

2021 年，萨尔瓦多将比特币列为法定货币，成为首个国家层面的实验；而中国全面禁止比特币挖矿与交易，推动算力向海外转移。

（四）合规化与全球化（2021~2024年）

1. 监管与安全机制逐步完善

2022年，中国香港发布《虚拟资产发展政策宣言》，明确支持合规交易所与代币化产品；开曼群岛等离岸金融中心强化VASP（虚拟资产服务商）牌照制度，提高反洗钱与审计要求。2024年，以太坊完成2.0升级，提升网络安全性能，为大规模应用铺路。

2. 市场震荡与行业反思

2022~2023年，Terra崩盘、FTX破产等事件暴露算法稳定币与中心化交易所风险，促使行业转向透明化与去中心化解决方案，如自托管钱包与链上审计。

（五）未来发展趋势（2024年及以后）

1. 合规与创新并行

2025年，美国、中国香港地区纷纷出台支持稳定币法案，为虚拟货币发展提供制度遵循，新加坡、中国香港等国家或地区已计划推出货币基金代币化产品，探索质押服务与衍生品市场，吸引传统金融机构入场。

2. 技术与应用深度融合

区块链技术进一步与AI、物联网结合，扩展虚拟资产在供应链、知识产权等场景的应用。NFT与元宇宙经济可能成为虚拟资产价值增长的新引擎。

3. 现实世界与虚拟世界交融

未来现实世界资产代币化（RWA）的不断发展代表着一场传统金融和实物资产引入区块链和虚拟资产领域的深刻变革。

（六）虚拟资产发展历程大事记

2008 年，中本聪发布比特币白皮书《比特币：一种点对点的电子现金系统》（*Bitcoin*：*A Peer-to-Peer Electronic Cash System*），开创了区块链和加密货币的先河，开启了去中心化数字货币的时代。

2011 年 2 月 9 日，比特币价格首次突破 1 美元大关，标志着比特币开始获得更多市场认可。

2013 年 10 月 2 日，美国联邦调查局（FBI）关闭了网络黑市“丝绸之路”，导致比特币价格大幅波动，反映出美国加密货币监管与非法用途之间的较量。

2013 年 12 月 5 日，中国人民银行等五部委发布《关于防范比特币风险的通知》，明确比特币不能作为货币在市场上流通使用，但承认其性质上是一种特定的虚拟商品，标志着虚拟货币等基于区块链技术的虚拟资产具有财产属性，并成为虚拟资产的一个重要类别。

2013 年 12 月，比特币价格达到历史新高，约为 1150 美元，吸引了大量投机者和投资者，加速了市场泡沫的形成。

2014 年 2 月 28 日，当时最大的比特币交易所 Mt.Gox 大量比特币丢失，并宣告破产，引发了社会对交易所安全性和监管的广泛担忧，影响了市场信心。

2015 年 1 月，在经历 Mt.Gox 崩盘和市场调整后，比特币价格跌至约 200 美元，大量投资者损失惨重，市场情绪低迷。

2015 年 7 月 30 日，第二代区块链平台以太坊上线，引入智能合约，推出以太币（ETH），推动了代币化和去中心化应用（DApps）的发展。

2016年6月17日，以太坊上的去中心化自治组织The DAO遭受智能合约漏洞的利用，大量资金被盗。以太坊社区因此进行硬分叉，分裂出以太经典（ethereum classic）。

2017年，首次代币发行（ICO）热潮兴起，大量项目通过发行代币融资。

2017年9月4日，中国人民银行等七部委发布《关于防范代币发行融资风险的公告》，全面禁止ICO活动，要求立即停止任何形式的代币融资。大量ICO项目关闭或迁移至海外，市场短期震荡，加速了行业合规化。

2017年9月15日，中国国内要求关闭加密货币交易所，引发市场剧烈波动，推动交易所业务转移至海外，国内交易量减少。

2017年12月17日，比特币价格达到历史新高，突破2万美元，引发了全球范围对加密货币的高度关注与投资热潮。

2018年12月，在经历2017年的狂热后，加密货币市场在2018年迎来大幅度回调，比特币价格跌至约3200美元。大量项目破产，市场情绪低迷，促使行业重新审视价值与应用。

2019年6月18日，美国Facebook公司宣布其数字货币项目Libra，计划推出全球性数字货币，引发全球监管机构的高度关注，推动数字货币合规性讨论。

2019年12月9日，QuadrigaCX交易所创始人杰拉尔德·科顿（Gerald Cotten）因突发疾病去世，导致交易所无法访问大量客户资金。监管与透明度问题浮出水面，引发了关于交易所管理和安全存储私钥的重大讨论，加剧了监管机构对交易所的关注。

2020年，DeFi应用爆发，多个DeFi项目获得大规模关注和投资，推动了金融服务的去中心化，带来了高收益和高风险的金融产品。

2020 年 5 月 11 日，比特币第三次减半事件发生，矿工奖励减半。减半通常被视为比特币价格上涨的催化剂，市场预期增强。

2021 年，NFT 市场爆发，艺术品、游戏资产等数字收藏品大受欢迎，开创了数字艺术和虚拟资产的新市场，虚拟资产形式更加多样化，引发了广泛的关注和投资。

2021 年 5 月，国务院金融稳定发展委员会要求打击比特币挖矿和交易行为，国内矿场大规模关闭，比特币网络算力短期内大幅下降，“挖矿”活动转移至其他国家。

2021 年 9 月 7 日，萨尔瓦多的《比特币法》生效，成为第一个将比特币作为法定货币的国家，推动了比特币作为支付手段的合法化进程，引发了全球范围的讨论。

2021 年 9 月 24 日，中国人民银行等十部委发布《关于进一步防范和处置虚拟货币交易炒作风险的通知》，全面禁止一切虚拟货币相关业务活动，外资平台也不能为中国用户提供服务，杜绝了国内的加密货币交易活动，市场再次震荡，加速了全球合规和去中心化交易所的发展。

2021 年 11 月 10 日，比特币价格达到历史新高，约为 69000 美元，吸引了大量投机者和投资者，推动了市场泡沫。

2022 年 5 月，Terra 生态系统中的 LUNA 代币和 UST 稳定币崩盘，引发了对算法稳定币机制的质疑，市场恐慌加剧。

2022 年 7 月 13 日，加密货币借贷平台 Celsius 因流动性危机申请破产保护，引发了对加密货币借贷平台风险管理的广泛关注。

2022 年 10 月，中国香港的财经事务及库务局发布《有关香港虚拟资产发展的政策宣言》，阐明中国香港的政策立场和方针。

2022 年 11 月，在经历 LUNA 崩盘和 Celsius 破产后，比特币价格在 2022 年 11 月跌至约 15600 美元，大量投资者损失惨重。

2023 年 11 月 11 日，FTX 交易所在财务问题和管理混乱后申请破产，影响了数十亿美元资产，引发交易所信任危机。行业对交易所的透明度和信任度提出了更高要求，推动了行业的反思与改进。

2024 年，以太坊完成了向以太坊 2.0 的升级，提高了以太坊网络的安全性和可扩展性，区块链性能得到提升，为未来的应用铺平了道路。

2024 年 12 月 5 日，比特币价格首次突破 10 万美元大关，再次刷新历史新高。这一突破不仅吸引了全球市场的高度关注，也被视为加密货币行业发展的重要里程碑，进一步巩固了比特币在金融市场中的地位。

2025 年 3 月，特朗普政府签署行政令，宣布建立国家级比特币储备，公开美国政府持有约 20 万枚比特币，并计划纳入 ETH、XRP 等资产。此举被视为“数字版布雷顿森林体系”，引发全球多国紧急磋商。

2025 年 5 月 21 日，中华人民共和国香港特别行政区立法会正式通过《稳定币条例》；2025 年 6 月 17 日，美国参议院投票通过《美国稳定币创新引导与建立法案》（简称《GENIUS 法案》）。7 月 17 日，该法案获美国众议院通过，后续法案将提交总统特朗普签署生效。

2025 年 6 月 5 日，稳定币行业迎来历史性时刻：全球第二大美元挂钩稳定币 USDC 发行商 Circle 在纽约证券交易所上市，成为稳定币领域的首个 IPO。此次上市被视为数字货币向主流金融体系迈进的关键一步，也标志着稳定币商业模式获得传统资本市场认可。

2025 年 7 月，比特币价格不断刷新历史新高，已突破 12 万美元。

2025 年 8 月 1 日，中国香港《稳定币条例》正式生效。

第二节　虚拟资产的分类

虚拟资产作为数字经济时代的新型资产形式，已构建起多层次、多领域的数字化价值体系，形成涵盖支付、收藏、娱乐、社交的完整生态。本书将虚拟资产分为四类，分别为：虚拟货币、NFT与数字藏品、游戏资产、社交媒体账号及附属权益。但需注意的是，虚拟资产的存在形式远不止于此，其外延正随着技术迭代而持续扩展，例如，AI生成的数字人形象、去中心化域名（如ETH域名），乃至传统知识产权的数字化延伸（如IP、数字版权、开源软件代码），均构成虚拟资产的新兴形态。

一、虚拟货币

虚拟货币种类繁多，各具特色。根据不同的分类标准，虚拟货币可以划分为多个类别。

（一）公链代币

如比特币、以太坊等，它们通常与其区块链平台的生态系统和应用紧密相关。

1. 比特币

作为第一个成功的区块链数字货币，比特币（Bitcoin，BTC）被视为“数字黄金”，是一种基于区块链技术的去中心化加密数字货币。

2. 以太币

以太币（Ether，ETH）是以太坊（Ethereum）区块链平台的原生加密货币。以太坊的目标是成为“世界计算机”，通过智能合约技术实现无须信任的自动化协议，与比特币的“数字黄金”定位形成差异。

3. 其他公链代币

如艾达币（Cardano，ADA）、波卡（Polkadot，DOT）、Solana（SOL）等，这些公链代币通常与其区块链平台的生态系统和应用紧密相关。

（二）稳定币

稳定币如泰达币（Tether，USDT）等，它们与某种法定货币或资产保持锚定关系，以提供稳定的价值存储和交易媒介。

1. 泰达币

泰达币（USDT）又称 U 币，是一种基于区块链技术的数字货币，与美元保持 1∶1 的锚定关系，提供稳定的价值存储和交易媒介。

2. 其他稳定币

其他稳定币如 USD Coin（USDC）、DAI 等，这些稳定币通常通过算法或抵押资产来维持其价格稳定。

（三）交易所代币

交易所代币如币安币（Binance Coin，BNB）等，由数字货币交易所发行，通常用于支付交易费用、参与交易所活动等。

1. 币安币

币安币（BNB）是由全球头部数字货币交易所 Binance 发行的代币，用于支付交易费用、参与交易所的初始代币发行等。

2. 其他交易所代币

其他交易所代币如 OKB、HT 等，这些代币通常与其交易所平台的业绩和回购计划相关。

（四）DeFi 代币

DeFi 代币是与去中心化金融（DeFi）应用相关的代币，如 LINK 币（Chainlink，LINK）等，为智能合约提供数据输入等服务。

1. LINK 币

LINK 币是 Chainlink 平台的原生代币，LINK 币在 Chainlink 网络中扮演着重要角色，主要用于支付节点运营商对外部数据进行验证和提供给智能合约的费用。

2. 其他 DeFi 代币

其他 DeFi 代币如 Avalanche（AVAX）、Near Protocol（NEAR）等，这些代币通常与其 DeFi 平台的生态系统和应用相关。

（五）游戏与元宇宙代币

1. SAND 代币

SAND 代币（The Sandbox，SAND）是 The Sandbox 元宇宙平台的原生加密货币，基于以太坊区块链技术，在 The Sandbox 生态系统中扮演着核心角色，用于购买虚拟资产、参与平台治理、获得奖励等。

2. 其他游戏与元宇宙代币

其他游戏与元宇宙代币如 Gala Games 的 GALA、Decentraland 的 MANA 等，这些代币通常与游戏或元宇宙平台的虚拟经济系统相关。

（六）其他类型代币

1. 隐私保护代币

如门罗币（Monero，XMR），注重用户隐私保护，使用环签名等技术确保交易的匿名性。

2. 跨链代币

跨链代币如 Atomic Swap 等，旨在实现不同区块链之间的资产交换和互操作性。

二、NFT 与数字藏品

（一）NFT

NFT 全称为 Non-Fungible Token，即“非同质化代币”，是一种基于区块链技术的独特虚拟资产，通常与艺术品、收藏品或游戏内物品等相关联。虽然 NFT 本身不是一种虚拟货币类型，但它们通常在某些区块链平台上发行和交易，并可以使用相应的区块链代币进行购买和交易。

（二）数字藏品

数字藏品可以理解为中国特色的 NFT，是指使用区块链技术，对应特定的作品、艺术品生成的唯一数字凭证，在保护其数字版权的基础上，实现真实可信的数字化发行、购买、收藏和使用。数字藏品种类繁多，如数字化博物馆藏品、图书数字化资源、影像数字化资源、音频数字化资源、口述历史数字化资源、数字化档案资源、数字化古籍资源、数字化地理信息资源等。

三、游戏资产

游戏资产是指在游戏中具有实际价值的虚拟物品。具体来说，游戏资产包括游戏账号（如《魔兽世界》等）、游戏币（如腾讯 Q 币）、虚拟道具等，是玩家在游戏中投入时间、精力和金钱所获得的虚拟资产。这些资产在玩家与游戏运营商之间形成的网络游戏服务合同关系中，被视为玩家的个人财产。

游戏资产可以按照功能细分为：游戏代币（如《原神》原石、DNF 点券），装备道具（武器 / 皮肤 / 坐骑，如《王者荣耀》传说级皮肤），账号角色（等级 / 技能 / 成就系统），虚拟地产（《逆水寒》庄园地块），权益资产（月卡 /VIP 特权 / 赛季通行证）。

四、社交媒体账号及附属权益

（一）社交媒体账号

社交媒体账号是用户在社交媒体平台上的个人或企业页面，用于发布内容、与他人互动以及进行各种社交活动。这些平台包括但不限于微博、微信（主要服务于中国市场），以及 Facebook、Twitter、Instagram、LinkedIn（在全球范围内广受欢迎）、流量域名（xx.com）等。社交媒体账号允许用户创建、分享、交流信息，已经成为数字化时代人们日常生活中不可或缺的一部分。

社交媒体账号分为人身性账号和经营性账号。人身性账号是以个人标识作用为主的社交账号，人身属性较强，账号内容往往涉及个人信息或个人隐私，如手机号、电子邮箱账号、QQ 账号、微信账号、微博账号等。经营性账号则是指主要用于经营行为的账号，如微信公众号、抖音账号、快手账号、小红书账号等。用户在使用这类账号时，投入了大量的心血、成本，通过吸引粉丝、流量来获得经济效益。

（二）附属权益

附属权益是一个相对灵活的概念，其具体含义取决于所处的上下文和领域。在社交媒体账号的语境下，附属权益通常指的是与社交媒体账号相关，但并非账号本身的所有权益。这些权益可能包括但不限于以下内容。

账号名称权益：社交媒体账号的名称是用户识别和区分不同账号的重要标志。具有一定知名度和影响力的账号名称，可能具备商业价值，并受到相关法律保护（如商标权、姓名权等）。在特定情况下（如解约、账号转让等），账号名称的归属和权益分配可能成为争议焦点。

账号内容权益：用户在社交媒体账号上发布的内容（如文字、图片、视频等）是其智力成果，享有著作权等知识产权保护。这些内容的权益归属和使用方式，可能受到用户与社交媒体平台之间的协议约定、著作权法等法律法规的约束。

账号粉丝和影响力权益：社交媒体账号的粉丝数量和影响力是账号的重要资产。这些资产虽然难以直接量化，但在商业合作、广告推广等方面具有显著价值。在某些情况下（如账号转让、合作运营等），账号的粉丝数量和影响力可能被视为附属权益进行交易或合作。

账号运营相关权益：除了账号本身和发布的内容外，与账号运营相关的权益也可能被视为附属权益。例如，账号的运营策略、数据分析、用户互动等方面的经验和资源，可能在合作运营或账号转让等场景中发挥重要作用。

第三节　虚拟资产的特点以及优缺点

虚拟资产作为数字经济时代的新型价值载体，具有区别于传统资产的多重特性。本书将按照虚拟资产的分类总结虚拟资产的特点，它们具有一些共性特征——以技术为底层支撑，以数字化为表现形式，均具备市场价值与流通能力，同时伴随法律与监管的持续挑战。

数字化与区块链基础。四类虚拟资产均以数字形式存在，高度依赖互联网与区块链技术。虚拟货币通过加密算法实现去中心化交易；NFT 利用区块链为数字作品提供唯一性证明；游戏资产在区块链上记录所有权与交易历史；社交媒体账号虽未直接基于区块链，但其附属权益（如数字内容、粉丝关系）的流转正逐步与区块链结合。

稀缺性与独特性。四类虚拟资产均通过稀缺性与独特性来实现价值。虚拟货币依赖算法限量的技术唯一性，NFT 与数字藏品借区块链确权达成限量发行，游戏资产以稀有道具强化社群认同，社交媒体账号则通过粉丝积累形成人为稀缺性。

经济属性与流通性。四类虚拟资产均具备市场价值与流通能力。虚拟货币可直接用于支付或投资；NFT 与数字藏品通过拍卖、交易平台实现价值变现；游戏资产形成内部经济系统，部分可跨平台使用；社交媒体账号通过广告、直播打赏等产生收益，形成完整的流量经济链条。

法律与监管面临的挑战。四类虚拟资产均面临法律地位模糊、监管滞后的问题。虚拟货币在全球范围内缺乏统一监管框架；NFT 的版权归属与交易合规性存在争议；游戏资产的财产权常受用户协议限制；社交媒体账号的继承、转让涉及隐私保护与平台规则冲突。

技术驱动。四类虚拟资产的价值生成与流转高度依赖技术迭代。其确权、交易和功能实现高度依赖特定技术（如区块链、游戏服务器）或平台规则。

一、虚拟货币的特点以及优缺点

（一）特点

1. 去中心化或集中化

大部分虚拟货币是基于区块链技术的去中心化数字货币，不依赖于任何中央机构进行发行和管理，具有较高的安全性和抗审查性。但也有一些虚拟货币的发行和储备管理由公司负责，如泰达币、币安币。

2. 透明性与安全性

所有交易都被记录在公开的区块链上，供任何人查阅。采用先进的加密算法，使得交易数据难以被篡改或伪造，且数据不可逆。但是也有一些虚拟货币存在透明度问题，关于储备的具体细节和审计情况仍存在争议，如泰达币。

3. 全球通用性与实用性

全球性的数字货币，不受地域限制，可以在任何地方进行交易。被广泛用于加密货币交易、跨境支付等场景。

4. 匿名性

交易可以保持用户的匿名性，只需使用钱包地址进行交易，而无须透露个人身份信息。

5. 抗通货膨胀

一些虚拟货币总量有限，且发行速度逐渐减缓，这使得它具有抗通货膨胀的特性。如比特币、SAND 代币。还有一些虚拟货币为减少流通量以提升稀缺性，定期用利润回购并销毁代币，如截至 2024 年已销毁超 400 万枚币安币。[①]

6. 高流动性

流动性强，被广泛用于跨链资产交易和质押。

（二）主要优缺点

1. 价格波动或稳定性强

一些虚拟货币价格极易受到市场情绪、政策变化、媒体报道等多种因素的影响，导致价格波动较大。如比特币、以太币、币安币、SAND 代币等。一些虚拟货币则是与美元保持 1∶1 的锚定关系，减少了市场波动风险，适合作为交易中介和避险工具，如泰达币。

2. 交易成本低但波动性大

虚拟货币在交易过程中不需要中介机构，降低了交易成本。但有可能根据网络拥堵情况而波动，有时交易手续费可能会变得非常高昂，如以太币。一些虚拟货币还存在交易费用折扣，如使用 BNB 支付币安交易所的交易费用可以享受折扣优惠，最高达 25%。这对于频繁在币安进行交易的用户来说，可以显著降低交易成本。

3. 去中心化治理

代币持有者可以参与平台的治理流程，对平台的发展方向进行投票，这种去中心化治理机制有助于提升平台的透明度和公平性。

---

① 资料来源：币安币季度公告。

4. 高能耗

一些虚拟货币挖矿过程需要消耗大量的电力资源，对环境造成了一定的负担，如比特币。

5. 监管风险

大部分虚拟货币由于匿名性和去中心化的特点，可能被用于非法活动如洗钱、贩毒等。不同国家和地区对加密货币的监管政策存在差异且不断变化，给其发展带来了一定的不确定性。一些虚拟货币相较于其他完全去中心化的加密货币，其发行公司受到一定监管，如泰达币、币安币。

二、NFT 与数字藏品的特点以及优缺点

（一）特点

1. 唯一性与稀缺性

每个 NFT 都具有独特标识，满足收藏和投资需求。每份数字藏品在区块链上都有一个独特的标识，类似于“身份证”，确保了藏品的唯一性和不可复制性。数字藏品的发行量是有限的，这增加了其稀缺性，提升了收藏价值。

2. 所有权明确

NFT 提供了一种证明数字资产所有权和真实性的新方法。这使得销售和转让独特物品变得更加容易，同时也防止了欺诈活动。例如，转换为 NFT 的数字艺术品可以追溯到其原始创作者，提供清晰的所有权记录。

3. 创作者收益模式

数字内容的创作者和所有者可以使用 NFT 通过销售、许可和版税将其数字资产货币化。通过将他们的数字内容转换为 NFT，创作者可以将他们的作品作为一种独一无二的资产出售，而不是可以轻松复制的副本。数

字藏品的发行和交易也为艺术家、创作者和平台带来了经济收益。

4. 去中心化交易

NFT 的交易可以在区块链上进行，无须依赖中心化机构，提高了交易的透明度和安全性。

5. 广泛的应用场景

NFT 可以应用于数字艺术品、游戏道具、虚拟房地产、音乐、体育等多个领域，为创作者和投资者提供了新的商业模式。任何具有独特性的数字资产都可以被铸造成数字藏品，包括图片、音频、视频、游戏道具等。数字藏品可以用于身份标识、游戏道具、实体商品赎回等多种场景，丰富了数字资产的应用方式。

6. 不可篡改与公开透明

区块链是一种分布式、去中心化的数据库，具有不可篡改性和公开透明性。通过区块链，NFT 和数字藏品的所有权可以被安全地追踪和验证，每一笔交易都会被记录在一个分布式账本中，这个账本具有不可篡改的特性。

（二）主要优缺点

1. 促进文化传播和艺术创新

数字藏品为传统文化和艺术品的传播提供了新的途径，有助于文化的传承和创新。数字藏品的出现激发了艺术家的创作热情，推动了艺术形式的创新和发展。

2. 价格波动与投机泡沫

部分平台和个人通过炒作、虚假宣传等手段抬高 NFT 和数字藏品的价格，增加了投资风险。其定价基于受欢迎程度和市场需求，难以准确估测其最佳价格。

3. 法律与合规风险

版权纠纷、洗钱风险突出，中国等国家限制 NFT 金融化交易。数字藏品是一个新兴领域，相关法律法规还不完善，投资者的权益可能得不到充分保障，容易滋生非法集资、诈骗等违法行为。

4. 环境问题

区块链技术的运行需要消耗大量的能源，NFT 的铸造和交易也不例外，这引发了关于环境影响的担忧。

5. 版权问题

NFT 仅代表所有权，数字内容本身仍可被复制传播，所有权价值存疑。如果数字藏品所映射的实物作品或虚拟作品在上链前存在版权争议，后续交易中可能会引发版权纠纷。部分平台可能未获得作品的合法授权就发行数字藏品，侵犯了原作者的知识产权。

6. 用户体验和维权困难

部分平台提供的数字藏品存在质量难以保证、交易不透明等问题，影响了用户的收藏体验。由于数字藏品市场的复杂性和监管的缺失，用户在遇到问题时往往难以维权。

（三）NFT 与数字藏品的联系与区别

1. 联系

NFT 与数字藏品都是基于区块链技术的数字资产，都强调唯一性、稀缺性和可溯性。数字藏品可以看作 NFT 在中国本土化、合规化的应用探索。

2. 区别

两者在底层技术、商业价值、市场及内容、所有权等方面存在显著差异。

NFT 更加开放和自由，而数字藏品则受到更严格的监管和限制。

第一，技术基础与发行方式的区别。

NFT：完全基于区块链技术，特别是公链（如以太坊），具有去中心化的特点。发行和交易记录都在区块链上进行，不依赖于任何单一平台。可以在不同的区块链之间进行跨链交易。

数字藏品：虽然也使用区块链技术，但更多是基于联盟链，不是完全的去中心化。发行和交易通常局限于特定的平台或联盟链，不能实现跨链交易。

第二，唯一性与稀缺性的区别。

NFT：每个 NFT 都是独一无二的，具有不可复制、不可替代的特性。由于其唯一性和稀缺性，NFT 的价值往往较高，且易于在二级市场上进行交易。

数字藏品：虽然也具有唯一性和稀缺性，但这种唯一性可能不如 NFT 那样严格。数字藏品可能由多个平台同时发行，且部分数字藏品可能被允许复制或转赠。

第三，所有权与交易的区别。

NFT：所有权记录在区块链上，购买者拥有 NFT 的完全所有权，可以随意支配和使用。NFT 的二级市场十分活跃，可以自由买卖和交易。

数字藏品：所有权通常由平台控制，用户对其拥有权依赖于平台的存续。数字藏品的二级市场交易受到严格限制，很多平台禁止炒作和随意交易。

第四，版权与商业使用的区别。

NFT：购买 NFT 通常意味着获得了该虚拟资产的所有权和使用权，可以在各种商业场景中使用。NFT 的版权归属可能因具体项目而异，但购买者通常有权对侵权行为进行维权。

数字藏品：购买数字藏品并不意味着获得了该虚拟资产的版权或商业使用权。数字藏品的版权通常仍归原创作者或发行平台所有，购买者只能用于个人收藏或展示。

第五，监管与政策环境的区别。

NFT：在国外，NFT 市场相对自由，没有严格的监管政策。NFT 的交易和定价完全由市场决定，存在较大的投机和炒作空间。

数字藏品：在国内，数字藏品受到严格的监管政策限制。数字藏品的发行和交易必须遵守相关法律法规，禁止炒作和非法金融活动。购买数字藏品需要进行实名认证，且交易记录受到严格监控。

第六，应用场景与受众群体的区别。

NFT：应用场景广泛，包括数字艺术品、音乐作品、游戏资产、虚拟房地产等。受众群体以加密货币投资者、数字艺术家、游戏玩家等为主。

数字藏品：应用场景相对有限，更多是作为数字文创产品、数字名片、数字门票等。受众群体以文化爱好者、收藏家、品牌粉丝等为主。

三、游戏资产的特点以及优缺点

（一）特点

1. 无形性

游戏资产是虚拟的、无形的，它们存在于网络虚拟空间中，而非现实世界。这些资产包括但不限于游戏账号、游戏币、游戏装备、游戏角色、虚拟道具等。它们以数字化的电磁形式存在，是玩家在游戏过程中产生的电磁记录。

2. 价值性

游戏资产具有实际的经济价值。玩家可以通过投入时间、精力和金钱来获取这些资产，它们可以在游戏内进行交易和流通。一些稀有的游戏道具甚至可以在拍卖会上拍出高价，这进一步证明了游戏资产的经济价值。

3. 依附性

游戏资产依附于网络和特定游戏平台而存在。玩家需要通过特定的游戏平台才能访问和使用这些资产。一旦游戏平台关闭或停止运营，游戏资产可能会受到影响或失去价值。

4. 多样性

游戏资产的类型多种多样，包括但不限于模型（meshes）、纹理（textures）、材质（materials）、音频剪辑（audio clips）、脚本（scripts）、预制体（prefabs）等。这些资产在游戏开发的过程中扮演着重要的角色，它们定义了游戏对象的外观、行为和其他属性。

（二）主要优缺点

1. 可支配性

游戏资产是玩家通过向游戏平台或其他玩家购买取得，或通过游戏参与使角色升级、设备功能加强等取得，存在于玩家的特定账号中，可由玩家自己支配。玩家可以根据自己的意愿使用、交易或出售这些资产。

2. 技术限制性

游戏资产的存在和使用受到游戏平台技术的限制。不同的游戏平台可能有不同的技术标准和要求，这会影响游戏资产的兼容性和使用效果。此外，游戏资产的生成和交易也受到游戏平台规则的限制。

3. 期限性

游戏资产的期限性是由网络环境、市场需求以及运营商的具体经营现状和网络经营决策来决定的。如果游戏平台停止运营或更新，一些游戏资产可能会受到影响或失去价值。

4. 法律属性

虽然现有的法律依据中并未直接涉及游戏资产的具体分类，但游戏资产作为虚拟资产的一种，同样受到法律的保护。例如，《中华人民共和国民法典》保护自然人的个人信息，其中包括以电子方式记录的信息。游戏账号等虚拟资产往往与玩家的个人信息相关联，因此也受到法律的保护。此外，一些国家和地区已经出台了针对虚拟资产交易的法律法规，以规范游戏资产等虚拟资产的交易行为。

四、社交媒体账号及附属权益的特点以及优缺点

（一）特点

1. 权利属性的综合性

社交媒体账号及附属权益涉及物权、债权、知识产权、隐私权及用户人格利益等多种权利属性，具有综合性。

2. 虚拟性与现实性的交织

社交媒体账号及附属权益存在于网络空间中，具有虚拟性。然而，它们又与用户的现实生活密切相关，如账号中的作品可能来源于用户的现实生活经历，账号的商业价值也可能转化为现实的经济利益。

3. 平台规则的高度依赖性

账号的存在、功能、价值实现完全依赖于特定社交媒体平台的运营规

则和技术架构。平台拥有单方面修改服务条款、限制功能甚至封禁账号的权力。账号的附属权益（粉丝、影响力等）与其所在的特定平台紧密绑定，跨平台迁移成本极高，价值难以无损转移。

（二）主要优缺点

1. 经济价值显著

高粉丝量的账号可通过广告合作、平台流量分成、直播打赏、商品销售等方式直接创收。例如，微信公众号、抖音号等自媒体账号的财产性权益已被司法实践认可，甚至在离婚案件中作为夫妻共同财产进行分割。

2. 运营灵活性高

个人或团队均可低成本运营，内容调整便捷，能快速响应市场变化（如热点事件、用户偏好迁移）。企业则可根据目标受众选择差异化平台，实现精准触达。

3. 品牌效应强化

通过持续输出优质内容并与粉丝互动，可提升品牌知名度、建立客户信任，甚至形成粉丝经济。

4. 法律风险复杂

个人注册但用于企业运营的账号权属易引发纠纷，且违规内容（如虚假信息、侵权素材）可能导致账号封禁或法律追责。

5. 技术风险突出

账号易遭黑客攻击、数据泄露或被恶意软件感染，导致用户隐私泄露、财产损失及声誉损害。账号价值高度依赖平台技术，技术漏洞或政策调整可能引发流量断崖式下跌。

6. 市场风险波动

账号价值受粉丝活跃度、平台政策及市场环境影响，波动较大。

第四节 虚拟资产的工作原理

虚拟资产通过技术信任替代传统信用中介，正在重塑各个领域的价值交换逻辑。其工作原理的本质，是通过密码学构建去中心化信任机制，使数字稀缺性、所有权证明和可编程价值转移成为可能。

一、虚拟货币的工作原理

（一）比特币的工作原理

基于区块链技术，采用分布式账本记录交易信息。具体包括以下几个方面。

1. 交易发起

用户通过比特币钱包发起交易，输入收款地址和交易金额。

2. 交易验证

交易信息被广播到比特币网络，网络中的节点使用算力竞争验证交易的真实性。“矿工”通过算力竞争解决数学难题。

3. 区块打包

验证通过的交易被打包成一个区块，并与前一个区块链接在一起，形成新区块链。

4. 交易确认

交易需要经过一定数量的区块确认（通常为 6 个区块），才能被认为是安全的。

5. 激励机制

区块奖励（当前为 6.25 BTC/ 区块，每 4 年减半）驱动“矿工”参与网络维护。

（二）以太币工作原理

与以太坊区块链网络紧密相关，具体包括以下几个方面。

1. 交易验证

在以太坊网络中，交易由“矿工”或验证者通过共识机制（如工作量证明 PoW 或权益证明 PoS）进行验证。验证后的交易被打包成区块，添加到区块链中。

2. 智能合约执行

以太坊的智能合约是以代码形式编写的自动执行合约，当满足预设条件时，合约自动执行，完成价值转移或执行特定操作。

3. 费用支付

每笔交易和智能合约的执行都需要消耗一定的以太币作为“燃料费”（gas fee），用于支付“矿工”或验证者的计算成本和维护网络安全。

（三）泰达币的工作原理

1. 储备金制度

每发行 1 枚 USDT，Tether Limited 需在银行账户存入 1 美元（或等值资产），并通过增发或回购调节供需以维持价格稳定。

2. 多链发行

通过 Omni、以太坊等区块链网络发行，利用智能合约实现高效跨链交易。

3. 价格调节

当 USDT 市价偏离 1 美元时，Tether 通过市场操作（如增发或销毁代币）恢复锚定。

（四）币安币的工作原理

1. 代币发行与分配

总量 2 亿枚，50% 通过 ICO 发行，40% 由团队持有（逐步销毁应对通货膨胀），10% 分配给天使投资人。

2. 交易费用支付

用户使用 BNB 支付手续费可获折扣，同时交易所将部分手续费收入用于回购销毁 BNB。

3. 智能合约与治理

支持 BSC 上的智能合约开发，持有者可参与链上治理投票，影响生态发展方向。

4. 跨链兼容性

通过多链发行（如以太坊、BSC、TRON 等），实现与其他区块链的互操作性。

（五）LINK 币的工作原理

LINK 币作为 Chainlink 网络的原生加密货币，其工作原理与 Chainlink 网络的整体运行机制紧密相关。当智能合约需要获取链下数据时，它会向 Chainlink 网络发送请求，并支付一定数量的 LINK 币作为服务费用。节点运营商在成功提供数据后，会获得相应的 LINK 币奖励。节点运营商还可能质押一定数量的 LINK 币作为保证金。

（六）SAND 代币的工作原理

用户可以使用 SAND 代币在 The Sandbox 平台上购买虚拟资产，如虚拟土地、游戏角色、道具等。这些资产均以 NFT 形式存在，具有唯一性和不可分割性。The Sandbox 平台会定期向 SAND 代币持有者发放奖励，以激励他们参与平台的生态建设和发展。

二、NFT 和数字藏品的工作原理

（一）NFT 的工作原理

1. 记录所有权

NFT 使用区块链技术来记录数字资产的所有权，确保数据的不可篡改性和公开透明性。

2. 唯一标识符

每个 NFT 都有一个唯一的标识符，这个标识符是通过数字签名技术生成的，确保 NFT 的唯一性和不可复制性。

3. 智能合约

NFT 通常以智能合约的形式发行，智能合约是部署在区块链上的一段可执行代码，能够自动执行合约条款，定义 NFT 的属性和交易规则。

4. 去中心化存储和访问

NFT 通常包含指向数字内容（如图片、视频或音频）的链接，这些内容使用分布式存储技术（如 IPFS）保存，以确保文件的安全性和长期可用性。

（二）数字藏品的工作原理

1. 生成与发行

数字藏品利用区块链技术为特定的作品或艺术品生成唯一的数字证书。这个证书包含了作品的数字身份和所有权信息，确保每个数字藏品在区块链上都是独一无二的。数字藏品的发行通常包括策划、设计、输出规则、预热和营销等环节。发行方会根据自己的需求和目标受众，制定合适的发行策略和价格。

2. 确权与保护

数字藏品通过区块链技术实现确权。一旦作品被铸造成数字藏品并上链，其所有权信息就被永久记录在区块链上，不可篡改，有效地保护了创作者和持有者的权益。数字藏品在区块链上的唯一性确保了作品的版权得到保护。任何未经授权的复制或盗版行为都可以被轻易识别。

3. 交易与流通

数字藏品可以在区块链上进行交易和流通。交易双方通过区块链平台完成资产的转移和支付，过程透明、安全、高效。数字藏品的价格通常由市场供求关系决定。一些稀有的、受欢迎的数字藏品可能会以较高的价格成交。

4. 收藏与使用

数字藏品允许用户以数字化的形式收藏艺术品或作品。用户无须担心作品的保存、运输和展示问题，只需在区块链上拥有该藏品的所有权即可。数字藏品不仅限于收藏，还可以用于身份标识、游戏道具、实体商品赎回等多种场景，为用户提供了更多的选择性和可能性。

三、游戏资产的工作原理

（一）创建与导入

美术人员根据游戏设计文档，使用 3D 建模软件（如 Maya、Blender 等）创建游戏资产。将创建好的资产文件导入到游戏引擎（如 Unity、Unreal Engine 等）的 Assets 文件夹中。

（二）编辑与配置

使用游戏引擎提供的工具对导入的资产进行进一步的编辑和优化，如调整纹理分辨率、优化模型多边形数量等。为游戏资产配置各种属性，如物理属性（质量、摩擦力等）、碰撞体（用于物理碰撞检测）等。

（三）实例化与应用

将游戏资产从 Assets 文件夹中拖动到游戏场景中，创建游戏对象。这个过程称为实例化，为游戏对象应用脚本，定义其行为和交互逻辑。例如，一个角色对象可能需要脚本来控制其移动、攻击等行为。

（四）渲染与展示

游戏引擎的渲染管线负责将游戏资产渲染到屏幕上，通过处理光照、阴影、纹理映射等效果，使游戏世界看起来更加逼真。最终，游戏资产以图像和声音的形式展示给玩家，构成他们所见所闻的游戏世界。

四、社交媒体账号及附属权益的工作原理

（一）注册与认证

用户需要在社交媒体平台上注册账号，填写个人信息，如姓名、邮箱、

手机号码等，并进行身份验证。平台通过用户的注册信息和验证手段，确保账号的真实性和唯一性。

（二）数据存储与架构

社交媒体平台采用分布式架构，将用户数据分散存储在多个服务器上，以提高系统的性能和可用性。平台利用缓存技术和负载均衡技术，处理庞大的用户量和数据交互，确保用户能够顺畅地访问和使用账号。

（三）账号功能与权限

用户通过账号可以发布文字、图片、视频等内容，与其他用户进行互动，如点赞、评论、分享等。平台根据用户的账号权限，提供不同的功能和服务，如关注他人、创建群组、参与话题讨论等。

（四）推荐算法与内容展示

社交媒体平台通过算法分析用户的行为和兴趣，为用户推荐可能感兴趣的人或内容。算法根据用户的互动记录、浏览历史等信息，将相关内容展示在用户的动态列表或推荐页上。

（五）隐私保护

社交媒体平台有责任保护用户的个人信息不被滥用，防止数据泄露和网络攻击。平台通过加密技术、访问控制等手段，确保用户信息的安全性和隐私性。

（六）知识产权与内容权益

用户在社交媒体平台上发布文字、图片、视频等内容，享有相应的知识产权。平台通过用户协议等方式，明确用户与平台之间在内容权益方面的权利和义务。平台尊重并保护用户的知识产权，禁止未经授权的转载、复制等行为。

（七）账号使用与归属

用户账号的使用权通常归属于注册者本人，但具体归属可能因平台政策、用户协议等因素而异。在某些情况下，如职场语境下的账号运营，账号的归属权和使用权可能产生争议。

（八）商业价值与变现

社交媒体账号及其附属权益具有商业价值，可以通过广告投放、内容推荐、增值服务等方式实现变现。平台通过用户数据和流量变现，构建起可持续发展的商业模式。用户也可以通过运营账号积累粉丝和影响力，实现商业价值的最大化。

第五节 虚拟资产的应用场景

一、虚拟货币的应用场景

（一）跨境转账和汇款

虚拟货币在跨境交易中具有独特优势，能够绕过传统银行系统和外汇政策限制，且去除了传统跨境支付中的中间环节和高昂费用。

如 Ripple 与全球 17 个国家和地区的银行合作，通过其 Inter Ledger Protocol 协议及 XRP 代币，实现跨境支付的实时结算与货币兑换。

同时，京东稳定币有望在全球落地，意在提升全球供应链和跨境支付能力。2025 年 4 月京东集团副总裁、首席经济学家沈建光博士在中国香港地区接受了《每日经济新闻》记者现场独家专访。他指出，稳定币属于公司层面去中心化的商业发行，受宏观经济影响波动微小，有 3 家公司目前已进入香港“沙盒”测试阶段，京东发行稳定币是为了进一步提升京东的全球供应链和跨境支付能力。

（二）日常消费

虚拟货币最初的设计目标是作为一种点对点的电子现金系统，用于日常支付。随着虚拟货币在全球的普及，越来越多的商家开始接受虚拟货币支付，尤其是在跨国交易或网上购物中，是一种更便捷的支付方式。

如 2019 年，澳大利亚悉尼科技大学（UTS）校园内安装比特币自动售货机，支持用闪电网络（Lightning Network）购买可乐、零食。

（三）投资工具

一些虚拟货币因其高波动性吸引了大量投资者和投机者，已被纳入机构投资组合，如基金、ETF 等。交易者利用价格波动性进行高频交易、期货合约和杠杆操作，如比特币、以太币。一些虚拟货币与美元挂钩，投资者可以利用不同平台或交易所之间的细微价格差异进行套利交易，以获取利润。

如 2020 年，MicroStrategy 公司斥资 11.25 亿美元（2020 年末，公司的持仓总计达到 70470 比特币，平均成本约为每个币 15964 美元）购入比特币，至 2025 年其持仓市值增长超 10 倍。[①]

---

① 资料来源：GATE.com。

（四）去中心化金融

虚拟货币为去中心化金融（DeFi）平台提供基础，支持借贷、交易等金融活动。用户需要用虚拟货币作为抵押品来借入其他数字资产，或者在NFT市场中购买数字艺术品。

如用户可通过抵押加密资产（如ETH、USDC）借入其他资产，利率由资金供需动态调整。Compound推出流动性“挖矿”，用户借贷可获COMP治理代币奖励。2020年6月，COMP分发引发“yield farming”热潮，Compound TVL（总锁仓量）3日内激增5倍，达6亿美元。

（五）支付交易费用

在进行智能合约的执行、代币的转移等操作时，用户需要支付一定数量的虚拟货币作为手续费。

如币安币在支付币安交易所的交易费用、币安DEX（去中心化交易所）的交易费用、币安链以及币安智能链时所产生的交易费用可享受交易费用的扣减优惠。再如Ripple网络通过XRP代币实现跨境支付的即时结算，成本低至传统SWIFT结算系统的1/10，已与美国Cross River银行、德国Fidor银行等合作，处理跨国汇款。

（六）游戏和虚拟世界

一些基于虚拟货币的游戏允许玩家使用虚拟货币购买游戏内资产，参与游戏内经济系统或与其他玩家进行交易。

如玩家购买LAND（虚拟土地NFT）后，可创作游戏、举办活动，并通过SAND代币交易资产。2021年，The Sandbox以430万美元售出单块

LAND，创虚拟房地产销售纪录。[1]

（七）社区治理与投票权

通过使用虚拟货币，平台用户可以获得对重要决策的投票权，例如，决定内容和游戏创作者的授权归属，以及决定其他议程中的功能优先级。这种治理机制确保了平台的民主性和公正性，使得所有利益相关者都能参与到平台的决策过程中来。

如 MKR 代币持有者可通过投票决定 DAI 稳定币系统的关键参数，如抵押率、稳定费率。例如，2020 年“黑色星期四”后，社区投票将 ETH 抵押率从 150% 提升至 175%，以增强系统抗风险能力。

（八）其他创新应用

虚拟货币在慈善捐赠、智能合约、身份验证、资产管理等领域也有应用潜力。如联合国儿童基金会（UNICEF）接受比特币、以太坊等加密货币捐赠，资金流向通过区块链而公开透明。2020 年在为也门儿童筹款中，捐赠者可实时追踪每笔资金用途（如购买食物、医疗物资）。

二、NFT 和数字藏品的应用场景

（一）NFT 的应用场景

1. 数字艺术与收藏品

NFT 为艺术家提供了一个全新的展示和交易平台。艺术家可以将自己的作品铸造成 NFT，在区块链上进行买卖和收藏。NFT 的不可篡改性使得艺术作品在数字世界中独一无二，即使是创作者本人也无法复制或

---

① 虚拟土地拍出 430 万美元高价！专家深度解读元宇宙［EB/OL］. 澎湃新闻，2021-12-06.

篡改。这有助于保护知识产权，防止盗版和侵权行为。如 CryptoPunks、Bored Ape Yacht Club、Art Blocks 等项目，都是数字艺术领域的知名 NFT 项目。

2. 游戏

NFT 可以用来代表游戏内的物品、角色、土地等。玩家可以拥有、交易或使用这些游戏资产。如 Axie Infinity、The Sandbox、Decentraland 等游戏中，玩家可以购买、出售或租赁 NFT 资产。NFT 的引入为游戏创造了一个全新的经济系统。玩家可以通过开发自己的游戏内部资产来赚钱，增加了游戏的可玩性和吸引力。

3. 虚拟世界

在虚拟世界中，NFT 可以作为数字资产的唯一标识。用户可以购买、出售或租赁虚拟土地、建筑、物品等。如 Decentraland、Sandbox 等去中心化虚拟现实平台，允许用户创建、拥有和货币化虚拟土地及其他游戏中的 NFT 装备。NFT 还可以作为用户在虚拟世界中的身份标识。用户可以通过拥有独特的 NFT 来展示自己的个性和身份。

4. 音乐

音乐家和制作人可以通过NFT发行限量版的音乐作品。粉丝可以购买、收藏或交易这些独特的音乐 NFT。NFT 的不可篡改性有助于保护音乐作品的版权，防止盗版和侵权行为。

如 2021 年，美国摇滚乐队 Kings of Leon 通过 Yellow Heart 平台发行 NFT 专辑《当你看到你自己》(*When You See Yourself*)，包含 3 个版本：音频版，限量发行 6 张黄金版 NFT，附带实体黑胶唱片；演唱会版，提供终身前排门票及虚拟演出入场券；艺术版，包含专辑封面数字艺术品。NFT 销售额的 10% 捐赠给乐队团队，剩余部分通过智能合约自动分配给词曲作者、制作人及平台方。

5. 体育

NFT 可以用于创建体育收藏品。NFT 还可以作为体育赛事门票，提供便捷的入场验证和转售功能。NBA Top Shot 等平台上的 NBA 球员高光时刻。粉丝可以收集和交易这些独特的体育收藏品。

如以美国职业棒球运动员 Micky Mantle 为主题的 NFT 交易卡“Topps Timeless”在 OpenSea 拍卖中售出。

6. 时尚

一些时尚品牌开始探索 NFT，推出虚拟服装和配饰。用户可以在虚拟世界中穿戴这些独特的 NFT 服饰，展示自己的个性和品位。知名品牌和艺术家通过 NFT 进行合作，推出限量版产品，满足消费者的独特需求和收藏欲望。

如 RTFKT 创作虚拟运动鞋 NFT，如“CloneX”系列，可搭配在 Decentraland、The Sandbox 等元宇宙平台的虚拟形象上。某用户以 3 万美元购入一双“MNLTH”虚拟鞋，其设计随持有者行为（如社交互动）动态演变。

7. 金融

NFT 可以用于代表现实世界中的资产，如房地产、艺术品等。通过 NFT，这些资产可以在区块链上进行买卖和交易，提高流动性和可访问性。NFT 可以作为抵押品进行借贷和融资。NFT 可以作为数字身份验证的凭证，确保数字身份的真实性。

如一些平台允许用户将 NFT 作为抵押品借出资金，或者通过 NFT 进行众筹融资。再如在金融服务领域，NFT 可以用于身份验证和访问控制，防止欺诈和非法访问。

8. 医疗健康

NFT 可以用于代表患者的医疗记录和数据。患者可以通过 NFT 控制自己的医疗信息，决定哪些信息可以共享以及与谁共享。这有助于保护患者隐私和数据安全。如制药公司可以为其产品采用 NFT 技术来验证其真实性。每个药物产品都有一个独特的 NFT 标识，可以追溯到产品的生产、流通和使用环节，确保药品的安全性和有效性。

9. 社交与展示

NFT 可以作为个人身份的标识，在社交平台上展示独特的收藏品或成就。其有助于增加社交媒体的互动性和趣味性。如 NFT 持有者可以在社交平台上展示他们的收藏品，如数字艺术品、游戏资产等。这有助于促进 NFT 的社交价值和市场认知度。

10. 流动性协议与交易

一些平台提供了 NFT 的碎片化和流动性解决方案，使得 NFT 资产可以更容易地交易和流通。如 Unicly、NFT20 和 NFTX 等项目允许用户将 NFT 分割成更小的份额进行交易。NFT 可以在去中心化交易所进行高效交易，提供更快的流动性和更低的交易成本，有助于促进 NFT 市场的繁荣和发展。

11. 其他领域

NFT 可以用于创建不可伪造的票务系统，如演唱会门票、电影票等，有助于防止假票和非法转售行为。

NFT 可以用于创建独特的数字纪念品，如历史事件、文化地标等。这些纪念品可以在区块链上永久保存和交易。企业可以通过 NFT 来标识和管理其资产，如知识产权、设备、服务等，有助于提高管理效率和透明度，降低风险和成本。

（二）数字藏品的应用场景

1. 艺术收藏品

数字藏品通过区块链技术，将传统艺术品（如绘画、雕塑等）转化为数字形式，实现艺术品的数字化保存、传播和交易。这不仅拓宽了艺术品的传播渠道，还增加了艺术品的收藏方式和价值。许多博物馆和文化机构将馆藏文物进行二次创作或数字化处理，推出多样化数字藏品，让更多人能够接触和了解文化遗产。如敦煌研究院、秦始皇帝陵博物院、三星堆博物馆等都推出了自己的数字藏品。艺术家可以通过数字藏品平台，直接与粉丝进行互动，发布限量版数字藏品，增加与粉丝的黏性和作品的传播力。

2. 游戏与娱乐

数字藏品在游戏领域的应用日益广泛，游戏开发商可以将游戏内的角色、皮肤、道具等资产以数字藏品的形式发行，为玩家提供更加丰富的游戏体验。同时，数字藏品也可以作为游戏内的奖励或交易货币，增强游戏的可玩性和社交性。数字藏品在音乐、影视、动漫等娱乐领域的应用也逐渐增多。如酷狗音乐联合中国青年报发行了非遗乐器数字音乐藏品“古乐华章”，涵盖了多种非遗乐器；一些影视和动漫作品也推出了自己的数字藏品，作为粉丝收藏和互动的新方式。

3. 文旅产业

数字藏品可以作为景区的门票或纪念品，游客购买后可以获得独特的数字藏品，作为旅游纪念，不仅增加了景区的吸引力，还提升了游客的旅游体验。数字藏品还可以作为文化旅游推广的新手段，通过数字化展示和交易，让更多人了解和关注文化旅游项目。如游客在黄山完成指定打卡任务（如攀登光明顶、观看日出）后，可免费领取“迎客松”数字纪念章。

4. 社交与身份认证

数字藏品可以作为虚拟社交资产，为平台布局元宇宙提供基础。在现实与虚拟环境中，数字藏品也可以作为身份认证的一种方式。通过 NFT 的唯一性等特征，可以有效验证身份信息，解决身份管理的诸多问题。如用户可以通过购买和交易数字藏品，在虚拟世界中展示自己的身份和地位。

5. 知识产权保护

通过区块链技术，可以对作品、音乐等艺术品进行上链鉴权，证明文字、视频、音频等作品的存在，保证权属的真实性、唯一性。这有助于保护创作者的版权权益，促进文化产业的健康发展。数字藏品在优化合同功能方面也具有积极价值，便于保存、验证真伪，还能够有效溯源、防篡改等，对于合同的实际应用、法律效力等能够起到一定的强化作用。如视觉中国将签约摄影师作品（如《国家地理》封面）制成 NFT，每幅作品附带摄影师亲笔签名的数字证书。

6. 实体经济赋能

企业可以发行数字藏品来推广品牌、提升产品附加值。例如，一些品牌与数字藏品平台合作，推出限量版数字藏品，作为品牌宣传和营销的新手段。数字藏品还可以与实体商品结合，推出虚实融合的新营销模式。例如，一些品牌将数字藏品与实体商品绑定销售，增加产品的吸引力和附加值。如麦当劳中国推出“麦麦 NFT”会员卡，消费者通过消费积分兑换，可解锁限定菜品、生日礼包及线下活动资格。用户集齐 10 枚“巨无霸”NFT，获赠定制版厨师服。

7. 其他领域

区块链技术应用于农产品溯源，可以确保数据的真实性和可信性，防止数据被篡改或丢失，让消费者更加放心地购买农产品。通过区块链技术，可以保证医疗数据的可溯源性和不可篡改性，使区块链与医疗的结合符合技术需要，支撑纯数字信息技术之外的其他复杂应用场景落地的趋势，从而保证医疗数据可以被安全的共享，使用户能够享受更加优质的医疗服务。数字藏品凭借其独特的技术优势，可以应用于防伪领域，通过 NFT 的唯一性等特征，可以有效防止假冒伪劣产品的出现。

三、游戏资产的应用场景

（一）游戏开发与应用

1. 场景构建与角色设计

游戏资产包括纹理、模型、角色、声音、对象、平台、构建、工件等，是构建游戏世界的基石。开发者可以使用高质量的 3D 模型、纹理和动画来创建逼真的游戏场景和角色。如任天堂通过程序化生成技术，将场景拆解为“可交互模块”（如岩石、植被、火焰），每个模块遵循统一物理规则（如燃烧、浮力）。玩家可用金属武器引雷劈树，或者用磁铁吸附场景中的铁箱搭建临时桥梁。

2. 游戏资产复用

在游戏开发中，为了提高效率，开发者会复用过去的项目及其相应的游戏资产。这不仅节省了时间，还便于程序员和创意人员利用现有素材进行创新。在构建开放世界游戏时，开发者可以复用之前项目中的角色、道具、建筑等资产。如漫威通过账号授权游戏厂商（如 Square Enix、Insomniac Games）共享“复仇者联盟”“蜘蛛侠”等 IP 资产。《漫威蜘蛛侠》中的角色模型、技能动画被复用于《漫威复仇者联盟》DLC。

3. 游戏内经济系统

游戏资产是构建游戏内经济系统的重要组成部分。通过设计稀有、独特的游戏资产，开发者可以激励玩家参与游戏，推动游戏内经济的繁荣。一些游戏通过出售虚拟物品（如皮肤、道具）来获取收入。

如暴雪通过账号区分“游戏内金币”（可打怪、任务获取）与“时光徽章”（需用现金购买，兑换 30 天游戏时间）。玩家可用金币购买徽章，其他玩家用现金购买后获得金币，形成官方调控的汇率市场。

（二）玩家互动与交易

1. 玩家间的资产交易

在许多游戏中，玩家可以交易游戏资产，如角色、装备、道具等。这种交易不仅增加了游戏的互动性和可玩性，还为玩家提供了额外的收益渠道。在一些大型多人在线角色扮演游戏（MMORPG）中，玩家可以通过交易游戏资产来获取游戏内货币或现实货币。如《精灵宝可梦 GO》通过账号允许玩家在 100 米内发起面对面交易，需消耗“星尘”资源。玩家用“闪光喷火龙”交换“异色鲤鱼王”，交易过程实时录制以防纠纷。

2. 社区与社交互动

游戏资产也是玩家在社区和社交互动中的重要元素。玩家可以通过展示自己的游戏资产来表现自己的成就和实力，吸引其他玩家的关注和交流。在一些竞技类游戏中，玩家可以展示自己的稀有皮肤或装备来表现自己的实力。如《魔兽世界》通过账号允许公会成员共享装备、材料，会长可设置“权限等级”（如“仅官员可提取史诗物品”）。公会通过账号分配“风剑”任务材料，成员需完成指定副本贡献度方可获取，形成“资产—任务—社交”闭环。

（三）跨领域应用

1. 数字藏品与 NFT

随着区块链技术的发展，游戏资产开始与数字藏品和 NFT 相结合。通过将游戏资产 NFT 化，玩家可以真正拥有游戏内的角色、道具等资产，并可以在市场上进行买卖和交易。这不仅为玩家提供了更多的收益机会，还促进了游戏的可持续发展。如 Axie Infinity 等区块链游戏通过 NFT 技术实现了游戏资产的交易和增值。

2. 游戏科技与跨界融合

游戏资产的应用场景还扩展到游戏科技与其他领域的跨界融合。在这些领域中，游戏资产的制作流程和程序化内容生成（PCG）技术被用于生成高质量的数字资产，推动了相关领域的创新和发展。如游戏引擎、物理模拟技术、AI 等技术被应用于民航工业软件、机器人训练、天文观测等领域。

（四）其他应用场景

1. 游戏教育与培训

游戏资产还可以用于游戏教育和培训领域。通过模拟真实场景和角色，游戏资产可以为学习者提供沉浸式的学习体验。如在军事训练、医学教育等领域，游戏资产被用于创建逼真的模拟环境，提高学习者的实践能力和应对能力。

2. 文化遗产保护与展示

游戏资产也被应用于文化遗产的保护与展示。通过高清数字扫描、游戏引擎的物理渲染和全局动态光照等技术，游戏资产可以复现文化遗产的历史盛景，为公众提供沉浸式的参观体验。如《刺客信条：大革命》对巴黎圣母院的细节复刻为火灾后修复提供参考；结合 VR/AR 技术打造沉浸式体验，如巴黎圣母院 VR 项目让用户穿越时空观赏玫瑰窗与巨钟；同时赋能文旅融合，如《黑神话：悟空》通过还原中式古建带动山西文旅热度，使文化遗产在虚拟与现实场景中焕发新生。

四、社交媒体账号及附属权益的应用场景

（一）个人生活方面

1. 社交互动

用户可以通过社交媒体账号与朋友、家人保持联系，分享日常生活、兴趣爱好、心情状态等。用户可通过点赞、评论、转发等互动方式，表达自己的观点和情感，增强与他人的联系。

抖音品牌发起舞蹈、特效挑战（如冰桶挑战、海草舞），用户通过账号参与并 @ 好友，形成传播链。

2. 信息获取

社交媒体平台是获取新闻、资讯、知识的重要渠道。用户可以通过关注感兴趣的账号，获取最新的信息。用户还可以参与话题讨论，与志同道合的人交流观点。如微博超话用户通过账号创建或加入兴趣社群（如“明星粉丝团”“游戏攻略组”），发布内容、参与话题讨论。粉丝团账号发起“为偶像打 call”活动，通过转发量、评论量解锁线下应援资源。

3. 自我展示

用户可以通过发布文字、图片、视频等内容，展示自己的才华、个性和生活方式。社交媒体平台为用户提供了展示自我、塑造个人品牌的舞台。如微博“大 V”个人 IP 打造，如某记者通过账号持续输出时事评论，形

成鲜明个人风格，粉丝量超千万，其账号成为图书出版、演讲邀约的重要渠道。

（二）商业运营方面

1. 品牌推广

企业通过创建和运营社交媒体账号，发布品牌信息、产品介绍、活动预告等内容，提高品牌知名度。利用社交媒体平台的广告投放系统，企业可以将广告精准地推送给目标受众。通过与网红、意见领袖合作，企业可以扩大品牌影响力，吸引更多潜在客户。如奥利奥品牌通过账号发起“奥利奥音乐盒”挑战，用户用饼干蘸奶、咬出形状触发不同音效，并录制视频 @ 品牌。某用户创作“奥利奥版《命运交响曲》”，获赞超百万。

2. 客户服务

企业通过社交媒体账号与客户进行实时互动，解答客户疑问，处理客户投诉。通过收集和分析客户反馈，企业可以了解客户需求，优化产品和服务。社交媒体平台还为企业提供了危机公关的渠道，帮助企业及时应对负面事件。

2017 年，达美航空因系统故障导致全球航班延误，通过 Twitter/Facebook 账号实时更新航班状态、提供退改签政策，并 @ 受影响用户致歉。

3. 市场调研

企业通过监测社交媒体上的用户讨论，了解市场趋势和消费者需求。通过发布问卷或投票，企业可以收集用户意见和建议，为产品开发和改进提供依据。如星巴克通过账号监测用户对“南瓜香料拿铁”的讨论，提取关键词（如“太甜”“奶泡少”），优化配方。

4. 电商销售

企业通过社交媒体账号推广产品，引导用户到电商平台购买。利用社交媒体平台的支付功能，企业可以实现线上销售，提高销售额。社交媒体平台还为企业提供了直播带货等新的销售渠道。如原新东方教师通过东方甄选账号直播，将英语、历史知识融入商品讲解（如“牛排的英文教读”，主播边教“steak”发音边展示牛排），形成差异化内容。

（三）附属权益方面

1. 粉丝经济

社交媒体账号的粉丝数量、互动率等指标成为衡量账号价值的重要标准。企业可以通过运营社交媒体账号，积累粉丝资源，实现粉丝经济变现。通过与粉丝互动，企业可以了解粉丝需求，提供更加个性化的产品和服务。如周杰伦通过快手账号首发新歌《莫吉托》（*Mojito*）MV，并开设独家直播，粉丝需关注账号、完成互动任务（如转发、评论）解锁直播门票。

2. 虚拟货币与数字资产

一些社交媒体平台推出了虚拟货币或数字资产，用户可以通过参与平台活动、购买商品等方式获取。这些虚拟货币或数字资产可以在平台内流通，用于购买商品、参与抽奖等。随着区块链技术的发展，社交媒体账号的附属权益如虚拟货币、数字资产等也将得到更好的保护和应用。如腾讯通过微信账号接入“幻核”平台，用户可购买、展示数字艺术品（如敦煌壁画 NFT）。

（四）具体应用场景实例

1. 微信

企业可以创建微信公众号，发布品牌信息、产品介绍等内容，吸引用户关注；通过微信公众号与用户进行实时互动，解答用户疑问，处理用户投诉；在微信公众号内嵌入商城链接，引导用户购买商品。

2. 微博

企业通过发布微博内容，吸引用户关注，提高品牌知名度；策划微博话题、挑战赛等活动，引发用户参与和讨论；通过监测微博上的用户讨论，了解市场趋势和消费者需求。

3. 抖音

企业通过发布短视频，展示产品功能和使用效果；通过短视频讲述品牌故事、企业文化等内容，增强用户黏性；通过评论、私信等方式与用户进行互动，了解用户需求。

4. 小红书

其适用美妆、时尚、旅游等领域的产品推广，用户通过分享个人使用心得、购物体验等内容，为品牌提供口碑宣传。企业通过与小红书上的网红、意见领袖合作，推广产品，吸引用户购买。

第二章

虚拟资产发展现状和意义

第一节　虚拟资产发展现状

一、虚拟货币的现状

（一）市场表现

截至2024年12月28日，市值前三位的加密货币分别是比特币、以太币、USDT，分别为1.87万亿美元、4033亿美元、1386亿美元，占全体加密货币市值的比重分别约为54%、12%、4%（见图2-1）。

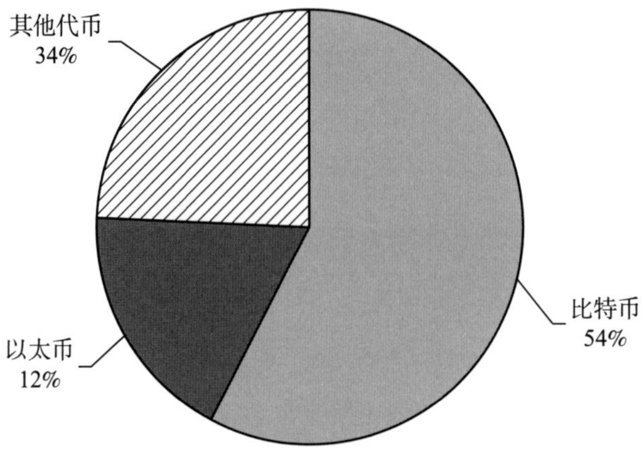

图2-1　虚拟货币市场代币占比

资料来源：CoinGecko网站。

截至2024年12月28日，CoinGecko网站统计了全球范围内1200个加密货币交易所的16022种加密货币，全体加密货币的市值约为3.43万亿美元，过去24小时的交易量约为1653亿美元（见图2-2和图2-3）。

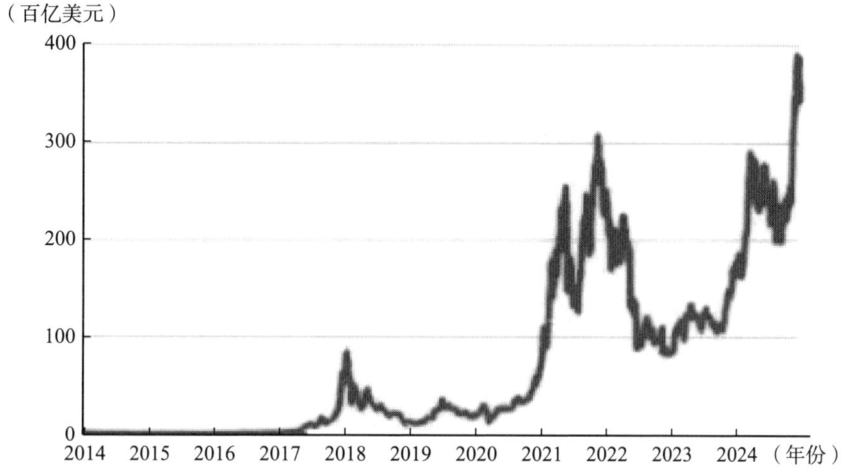

图 2–2　加密货币总市值

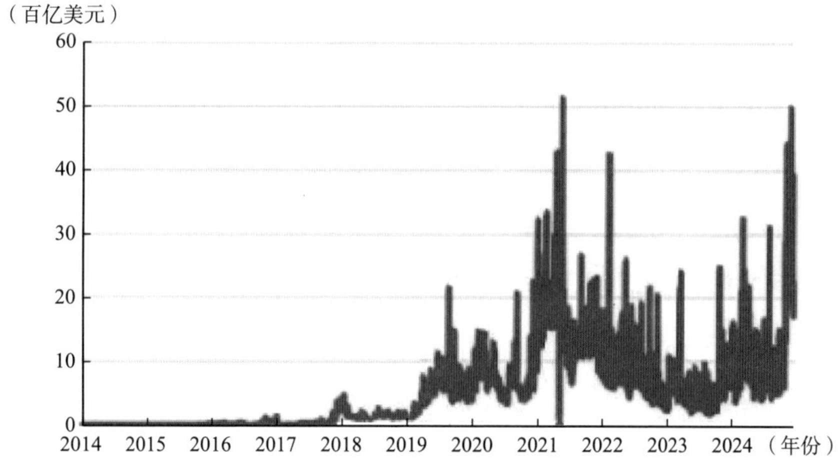

图 2–3　加密货币总交易量

（1）比特币作为全球首个去中心化的数字货币，其市值已突破万亿美元大关，成为全球最具影响力的数字资产之一。自 2009 年比特币问世以来，其价格经历了多次大幅波动。从最初的几美分，到 2017 年达到近 2

万美元的历史高位，再经历随后的回调和 2020 年底的复苏，比特币的价格走势一直备受关注。2024 年，比特币的价格表现尤为出色。年初时，比特币的价格约为 4 万美元，随后一路飙涨，最终在年底前突破了 10 万美元大关。2025 年 7 月，比特币价格已达 12 万美元。

（2）过去十年，加密货币经历了从比特币单一主导到多元化发展的过程。2017 年以前，比特币处于绝对主导地位，占全部加密货币市值的 75% 以上。2017~2018 年，随着以太坊智能合约平台的兴起，以太币市值占比达到了约 31% 的峰值，比特币占比降至约 33% 的历史低点。

（3）稳定币在 2019 年之前发展相对缓慢，2020 年以后经历了爆发式增长。截至 2024 年 12 月，稳定币总市值达到 2110 亿美元，占全体加密货币市值的 6.12%。①

（4）币安币 2017 年发行价为 0.15 美元，2021 年牛市峰值达 690 美元，2024 年回落至 200~400 美元区间。2025 年币安交易所日均交易额超 16 亿美元，BNB 占平台交易流动性的 60% 以上。多家对冲基金和机构将 BNB 纳入投资组合，推动其市值稳居加密货币前五名。

（5）自发行以来，LINK 币的价格经历了波动。在 2021 年 5 月 10 日，LINK 币达到了历史最高价 52.9614 美元。尽管价格有所波动，但 LINK 币在市值排名前十的币种中占据了重要地位，显示出市场对 Chainlink 项目的认可。截至 2024 年 12 月 30 日，LINK 币的市值约为 134.4 亿美元，流通率约为 62.68%。

（6）SAND 代币是在整个 The Sandbox 生态系统中流通的效用型代币，是交易与互动的基本要素。2024 年 12 月 12 日，SAND 币总市值为 20.76

---

① 资料来源：CoinGecko 网站。

亿美元，在加密货币市场中排名靠前。

（二）虚拟货币全球化发展

1. 美国

2025 年，加密货币市场的重心又回到了美国，这得益于特朗普再次当选总统，以及美国数字资产基金和衍生品合约需求的不断扩大。特朗普政府推动宽松政策（如支持建立比特币战略储备），逆转拜登时期的严格监管，承诺扩大加密交易所买卖基金（exchange-traded fund，ETF）范围（不仅限于比特币和以太坊）。美国比特币 ETF 自 2024 年 1 月上线以来，累计日交易量已超过 5000 亿美元，净流入约 360 亿美元。21% 成年人（约 5500 万人）持有加密货币，39% 用于日常支付，31% 替代传统汇款。来自 Kaiko 的数据显示，在美国时段进行的美元计价的比特币日交易比例已从 2021 年的 40% 攀升至约 53%。

2. 欧盟

2024 年底《加密资产市场监管法案》（MiCA）全面实施，明确稳定币发行和交易所监管框架，统一 27 国监管框架，推动市场合规化。德国、法国争当加密中心，但美国政策宽松削弱了欧盟的吸引力。欧盟议员提议建立比特币战略储备，对抗美元主导。稳定币广泛用于跨境支付和汇款，法国、德国等国零售用户增长显著。机构对以太坊质押兴趣提升，年化收益率超 10 年期美债。

3. 日本

自民党推动“加密资产国民化”，计划减免长期持有者的资本利得税。头部开发商 Open House Group 接受比特币 / 以太坊购房，跨境交易占比为 65%（节省 90% 手续费）。34% 的人口（超 1500 万人）持有加密货币，

62% 的人对元宇宙项目感兴趣。MetaMars 等本土项目代币涨幅超 3000%。

4. 韩国

韩国基本以散户为主导，33% 的投资者为 2024 年后入场，年轻投资者（30~40 岁的占 60%）热衷高风险交易。迷因币交易占比超 50%（Bithumb 上架 16 种），山寨币交易占总量的 85%。

5. 非洲

非洲的贫穷形象深入人心，但大多数人可能不知道的是，这片大陆正在引领数字金融的革命。2023 年，非洲数字支付账户数达到 8.56 亿个，占全球一半以上。肯尼亚 75.8% 的成年人使用数字支付，南非 70.5% 的成年人使用数字支付，远超德国 42% 的普及率。更令人惊讶的是，2023 年 7 月至 2024 年 6 月，撒哈拉沙漠以南非洲共交易了价值 1250 亿美元的加密货币，仅尼日利亚就贡献了 590 亿美元。非洲人并非在“赌博式炒币”——他们交易的 50% 以上是稳定币，这是一种与法定货币或现实资产挂钩的加密货币。比如泰达币（USDT）与美元 1∶1 锚定，为动荡的经济提供了避风港。

6. 南美

2024 年，稳定币在南美洲越来越受欢迎。巴西是南美洲最大的比特币市场，用户数居南美第一（约 1000 万钱包）。萨尔瓦多将比特币列为法币。阿根廷年通货膨胀超 200%，比特币作为支付方式和对冲通货膨胀成为储蓄工具。

7. 中国

中国曾是全球最大的加密货币矿机生产国和“矿工”聚集地之一，但由于监管政策的变化，2017 年起，中国禁止金融机构参与虚拟货币交易，关闭境内交易所，严厉打击“挖矿”活动。尽管如此，中国仍有一些比特币投资者和交易者。正规交易渠道受限，但灰色市场（如 OTC 交易）仍存在。

与此同时，2025 年上半年，加密货币世界一个相对低调的赛道——RWA 代币化迎来了令人瞩目的爆发式增长。截至 5 月末，全球 RWA 市场总市值已飙升至 233.9 亿美元，较年初的 157 亿美元大幅跃升 48.9%。这一增长背后，私人信贷（占比约 58%）和美国国债（占比约 31.2%）构成了市场的绝对双核，两者合计占据了近九成的份额。[①] 本书也将在后文详细介绍 RWA 的有关情况。

二、NFT 和数字藏品的现状

（一）NFT 和数字藏品的市场表现

（1）根据贝哲斯咨询的调研数据，2024 年全球 NFT 市场规模达到 5.47 亿美元。NFT 的应用场景非常广泛，涵盖了数字艺术、游戏、收藏品、虚拟世界、音乐、体育、时尚等多个领域。例如，艺术家可以将自己的作品数字化并生成 NFT 进行销售；游戏开发者可以创建 NFT 游戏道具、角色和虚拟土地等数字资产；体育品牌可以推出运动员高光时刻视频剪辑的 NFT 等。

（2）2021 年，中国数字藏品市场初具规模，销售额达到约 2.8 亿元。[②]2022 年，市场热度持续升温，数字藏品销售额实现显著增长，单月发行数量突破百万级，涉及金额超亿元。多家研究机构预测，2025 年数字藏品市场规模可达到 30 亿元左右，年增长率 50% 以上。

---

① 数解 RWA 市场：上半年市场规模激增 48%，ZKsync“逆袭”成第二大公链［EB/OL］. 币界网，2025-06-09.

② 资料来源：艾瑞咨询发布的《2022 年中国数字藏品行业研究报告》。

（二）中国 NFT 市场规模

近年来，中国 NFT 市场经历了快速增长。例如，2023 年中国 NFT 市场的总交易额同比增长 60%。这一增长主要得益于区块链技术的普及、数字艺术市场的兴起以及年青一代对数字收藏品的浓厚兴趣。

截至 2023 年底，中国 NFT 交易平台的数量已经超过了 100 家。其中，头部平台如“幻核”“阿里拍卖”“腾讯幻核”占据了市场的主要份额。这些平台不仅提供了丰富的 NFT 产品，还通过技术创新和社区建设吸引了大量用户。例如，“幻核”在 2023 年的注册用户数达到了 500 万人，月活跃用户数超过 100 万人。

从细分市场来看，数字艺术品仍然是 NFT 交易的主要类别，占总交易额的 40%。游戏资产占比约为 30%，虚拟土地和音乐 NFT 分别占 15% 和 10%。这表明，尽管 NFT 的应用场景不断扩展，但数字艺术品依然是市场的主要驱动力。

随着中国政府对新兴科技产业的支持力度不断加大，尤其是在区块链和相关资产领域，为 NFT 市场的发展提供了良好的政策环境。例如，政府出台了多项支持区块链技术和数字资产发展的政策，包括税收优惠、财政补贴等。

（三）中国数字藏品实践

2024 年，天津文化产权交易所与天津数字经济产业集团共同开发建设的数字资产服务平台上线试运营。该平台旨在以“公开、公平、公正”的方式，为各类数字资产提供一个高效、安全、可信的展示与流转平台，为提升企业数字资产价值、促进数字经济发展、提高企业无形资产价值，进一步促进数字资产交易的规范化发展作出积极贡献。

数字资产服务平台依托天津数字经济产业集团："津投数藏"技术团队强大的技术支持和丰富的行业经验，致力于打造一个集数字资产交易、风险管理、资产管理于一体的综合性数字资产服务平台。该平台利用区块链技术实现数字资产的有效确权与合规流转，搭建起透明、公正的展示与流转环境，为资产持有者提供强有力的法律保障，帮助所有权人更好地管理数字资产，实现资产增值保值。

首批上线的数字资产以国有企业优秀数字资产为代表，包括数字纪念章、重要赛事活动的数字纪念品、数字文化衍生品等。这些数字资产不仅代表了企业的文化内涵和品牌形象，更是传承了中华优秀传统文化的宝贵财富。未来平台还将引入更多类型的数字资产产品，如老字号品牌、非物质文化遗产技艺、数字版权衍生品等，通过数字资产的形式传承和弘扬中华优秀传统文化，促进优秀品牌、国有 IP 进行数字化转型，进一步推动数字经济与实体经济的深度融合。

三、游戏资产的现状

（一）中国游戏市场规模

根据最新发布的数据，2024 年中国游戏市场的实际销售收入达到了 3257.83 亿元，同比增长 7.53%，创下历史新高。这一数字表明，中国游戏市场仍然保持着强劲的增长势头。

2024 年国内小游戏市场规模预计达到 500 亿元，同比增长 64%。小游戏以其轻便、易上手的特点，吸引了大量用户，市场规模持续扩大，预计 2025 年小游戏市场规模将达到 610 亿元，同比增长 22%。

2024 年中国主机游戏市场实际销售收入为 44.88 亿元，同比增长 55.13%。主机游戏市场规模的扩张，主要得益于现象级新品的优异表现。

2024 年中国电子竞技游戏市场实际销售收入为 1429.45 亿元，同比增长 7.52%。电竞游戏的快速发展，不仅推动了游戏市场的增长，也带动了相关产业链的发展。[①]

（二）游戏资产在中国的发展趋势

1. 轻度化趋势明显

移动游戏市场呈现出明显的轻度化趋势。用户对游戏的需求逐渐从高强度的竞技向轻松愉快的休闲体验转变。这一变化促使开发者在游戏设计中融入更多的社交和情感元素，以满足用户的情感需求。例如，策略、卡牌、自走棋等轻度化游戏类型流水占比上升。

2. 女性在游戏市场的消费增长迅速

2024 年女性在游戏市场消费规模同比增长 124.1%，达到了 80 亿元。这一增长主要归因于内容偏好、画面题材的迭代以及情感价值的提升。随着女性玩家的增加，市场关于女性对游戏的关注度也在不断上升。

3. 多渠道支付成为趋势

随着用户付费习惯的变化，多渠道支付成了游戏产业的重要趋势。数据显示，59.6% 的受访用户曾通过游戏官网、电商平台等渠道进行付费。多渠道支付不仅提高了用户的付费意愿，也为游戏开发者提供了更多的收入来源。数据显示，60% 的企业第三方支付通道收入占比超过 30%，成为主流选择。[②]

---

① 资料来源：《2024 年中国游戏产业报告》和《2025 中国游戏产业趋势及潜力分析报告》。

② 资料来源：伽马数据发布的《中国游戏出海支付研究报告》。

4. 出海收入持续增长

中国自主研发游戏海外市场实际销售收入连续 5 年超过千亿元，并再创历史新高。中国游戏企业在“出海”过程中通过不断创新与拓展，取得了显著的成绩。

5. 技术创新助力产业发展

随着科技的进步，AI、区块链等新技术在游戏产业中的应用日益广泛，不仅提升了游戏的品质和体验，也为游戏产业的创新发展提供了新的动力。

四、社交媒体账号及附属权益的现状

（一）社交媒体账号及附属权益在中国的市场规模

根据中研普华研究院等权威机构发布的报告，中国社交媒体市场呈现出蓬勃发展的态势。截至 2024 年 6 月，中国网民规模达到近 11 亿人，互联网普及率达 78.0%，其中社交媒体用户占据了相当大的比例。这些社交媒体用户通过账号在平台上进行互动、分享、消费等活动，产生了丰富的附属权益，如粉丝数量、影响力、虚拟货币等。

随着社交媒体平台的商业化程度不断提高，这些附属权益的价值也日益凸显。例如，社交媒体账号的粉丝数量、互动率等指标成为品牌合作、广告投放等商业活动的重要考量因素；同时，社交媒体账号的附属权益也在逐渐得到认可和应用。

（二）社交媒体账号及附属权益在中国的发展趋势

1. 用户规模持续增长

尽管社交媒体用户数量增速有所放缓，但仍然保持着稳定的上升趋势。

随着互联网和移动设备的普及，越来越多的用户开始使用社交媒体平台，为社交媒体账号及附属权益的发展提供了坚实的基础。

2. 商业价值不断提升

随着社交媒体平台的商业化程度不断提高，社交媒体账号及附属权益的商业价值也日益凸显。越来越多的品牌和企业开始通过社交媒体平台进行品牌推广和营销活动，而社交媒体账号的粉丝数量、互动率等指标成为品牌合作、广告投放等商业活动的重要考量因素。

3. 技术创新推动发展

人工智能、大数据等技术的应用将为社交媒体账号及附属权益的挖掘和应用提供更加精准和高效的支持。例如，通过人工智能算法可以更加准确地分析用户的兴趣和行为，为社交媒体账号提供更加精准的内容推荐和广告投放策略；同时，大数据技术的应用也可以帮助社交媒体平台更好地了解用户需求和市场趋势，为社交媒体账号及附属权益的发展提供有力支持。

4. 用户权益保护加强

随着社交媒体平台的不断发展，用户权益保护问题也日益受到关注。未来，社交媒体平台将更加注重用户隐私保护和数据安全管理。加强数据加密和完善隐私政策等措施，以维护用户的合法权益和信任度，也有助于提升社交媒体账号及附属权益的市场价值和信誉度。

5. 多元化发展

社交媒体账号及附属权益的发展将呈现出多元化的趋势。除了传统的粉丝数量、互动率等指标外，还将涌现出更多新的附属权益形式和应用场景。例如，社交媒体账号可以与其他行业进行跨界合作，推出更多创新的商业模式和服务形式；同时，社交媒体账号的附属权益也可以应用于更多领域和场景，如在线教育、电子商务等。

第二节　虚拟资产与数字人民币

在探讨虚拟货币特别是稳定币时，数字人民币常被提及，二者本质不同但也有一定联系。数字人民币由中国人民银行（以下简称央行）发行并管理，是法定货币的数字化形式，它依托国家信用，价值稳定。稳定币多由私人机构发行，价值锚定美元等资产。数字人民币不仅是货币形态的创新，更是我国应对美元稳定币发展的重要国家金融战略。

一、数字人民币概述

（一）数字人民币定义

数字人民币（e-CNY）是由中国人民银行发行的法定数字货币，旨在将人民币纸钞和硬币数字化。它是中央银行货币体系的一部分，具有与传统人民币同等的法律地位。这种货币形式的提出，旨在顺应全球数字经济发展的趋势，进一步提高支付系统的效率，降低交易成本，并增强金融系统的普惠性。

（二）数字人民币产生背景和原因

1. 技术驱动：支付体系升级的必然选择

（1）电子支付局限倒逼创新。

尽管移动支付普及率超 86%，但传统支付方式在跨境结算效率、数据隐私保护等方面存在短板。例如，跨境支付需依赖 SWIFT 系统，手续费高昂且耗时较长（通常需 3~5 天），而数字人民币可实时到账，显著降低跨境交易成本。

（2）区块链等技术提供支撑。

央行自 2014 年启动研究，2016 年成立数字货币研究所，探索分布式账本技术。尽管数字人民币未完全依赖区块链，但其“可控匿名”“智能合约”等特性借鉴了区块链理念，在供应链金融、预付资金监管等领域已试点应用。

2. 政策引导：国家战略的主动布局

（1）货币政策精准调控需求。

数字人民币可实现“支付即结算”，资金实时到账，提升货币政策传导效率。例如，央行可通过智能合约向特定群体定向发放消费券，直接刺激经济，无须依赖商业银行体系。

（2）金融安全与监管升级。

传统支付存在洗钱风险，数字人民币采用“小额匿名、大额可溯”设计，平衡隐私与监管需求，且全球 86% 的央行已开展数字货币研究，中国需抢占先机，避免在数字货币领域落后。

3. 社会需求：普惠金融与效率提升

（1）金融普惠覆盖群体不足。

数字人民币支持“硬钱包”（如 IC 卡），方便无智能手机人群使用。偏远地区金融基础设施薄弱，数字人民币可降低对银行网点的依赖。

（2）降低社会交易成本。

数字人民币交易免手续费，预计每年可为零售支付节省超千亿元成本。企业端“支付即结算”特性减少账期，提升资金周转效率。

（3）跨境支付与国际地位提升。

数字人民币已与多国央行开展合作，探索跨境支付试点。例如，中泰跨境旅游场景支持数字人民币支付，结算时间从数天缩短至秒级。

4. 国际竞争：应对虚拟货币与货币主权挑战

比特币等去中心化货币威胁金融稳定，数字人民币作为法定货币，可维护国家货币主权。例如，央行明确禁止任何机构发行代币替代人民币流通。

（三）数字人民币的特点

1. 数字人民币是法定货币数字化，兼容现有金融体系

其定位为 M0（流通中的现金）的数字化形式，不涉及信用创造，避免对传统金融体系造成冲击，可无缝对接现有金融系统。

2. 可实现“双离线支付”

无须银行账户和网络即可完成交易，数字人民币模仿现金的“无条件支付”属性，提升支付场景覆盖能力。

3. 采用“双层运营体系”

涵盖四大商业银行、三大电信运营商（移动、联通和电信）和两大平台（微信和支付宝）。在具体操作上，央行通过商业银行等运营机构将数字人民币兑换给公众。在兑换过程中，运营机构向央行缴纳 100% 的准备金，并按 1∶1 的比例进行兑换。这一设计可以避免金融脱媒、银行挤兑等问题，银行与公众的现有债权债务关系也不会改变。

4. 具有安全性和匿名性特征

法定货币地位确保信用背书，技术上实现“小额匿名、大额可溯”，平衡隐私保护与监管需求。

5. 与市场的竞争合作关系

数字人民币需要进一步明确差异化优势，即依托法定强制力、隐私保护等特性，与微信 / 支付宝形成互补而非替代，推动支付市场多元化。

6. 技术生态依赖性强

数字人民币的使用和推广有赖于充足的配套软硬件支撑，如手机终端、IC 卡、可穿戴设备等硬件，以及金融机构和商户的应用程序、操作系统和数据库等软件。当前技术融合与数字化转型仍需深化。

7. 功能拓展需求迫切

一是应用场景延伸。从零售型向批发型央行数字货币扩展，探索跨境支付与国际结算体系。二是国际化潜力。需进一步参与全球“超主权”数字货币竞争，构建区块链联盟链下的跨境支付网络。

8. 制度与风险防控机制有待完善

尽管数字人民币已经初步建成多层次安全防护体系，但仍需进一步完善和优化有关机制设计，以弥补可能存在的技术漏洞，防范潜在的黑客攻击、数据泄露、伪造欺诈、业务中断等风险。

（四）数字人民币的工作原理

中国人民银行推出的数字人民币已经进入试点阶段，其在全球的央行数字货币探索中处于较为领先的地位。数字人民币是一种对现有人民币 M0 使用方式的渐进式替代，它保留着中心化的制度安排，在产生最小负面影响或最小争议的情况下破除阻力，最大限度地提高人民币流通的便捷性。2020 年 4 月，部分银行开始内部测试。DC/EP 根据国际惯例更名为数字人民币，其由中国人民银行发行，是具有国家信用背书的数字化形式的法币，与普通人民币等值、与银行账号松耦合，在提高支付流通便捷性、防伪性的同时，增强安全性。截至目前，数字人民币已经在多个省区市试点。

（五）数字人民币的应用场景

1. 数字人民币主要应用于零售支付

相较于支付宝、微信等工具，e-CNY 的比较优势在于：一是安全性。数字人民币是法定货币，并在流通中可采用区块链技术，使得账户资产和交易的安全性更具保障。二是便捷性。数字人民币支持双离线支付，也不需要账户绑定，简化支付流程，进一步放松支付的限制，促进数字支付在更大范围内普及。此外，面对过去第三方支付工具的挑战，e-CNY 将加强央行在支付领域的主动权，发挥基础性支撑作用，并协调商业银行、第三方支付等机构间的竞争合作关系。

2. 数字人民币在中小企业贷款、转移支付、精准扶贫、社会缴费等领域也有广阔的应用场景

由于 e-CNY 实现现金纸币的数字化，能够更好实现 M0 的发行和转移的追踪，不仅有利于强化货币政策的调控能力，加强对洗钱、腐败等非法交易的监管，也有利于财政、货币政策的精准实施。陆磊（2023）分析指出，假设基于数字货币的可编程性，在央行数字货币上加载关于利率的智能合约，央行数字货币将有机会成为广义货币（M2），或将可能实现货币政策调节央行数字货币利率，达成宏观调控目标。

（六）数字人民币的发展现状

数字人民币目前主要立足于国内，用于零售支付，未来数字人民币可能在中小企业贷款、转移支付、人民币国际化、宏观调控等方面发挥重要作用。考虑到现有以 SWIFT 与 CHIPS 为核心的跨境支付体系弊端丛

生，各国央行逐渐开始关注法定数字货币在跨境支付领域的潜力（张一平和马瑞超，2022b）。在技术层面，数字人民币在跨境支付方面具有可行性。目前中国人民银行正积极参与多边央行数字货币桥项目（mBridge）。2022 年 10 月 26 日，国际清算银行等联合发布题为《多边央行数字货币桥项目》的报告，指出多边央行数字货币桥项目在 2022 年第三季度由实验阶段迈进试行阶段。随着每一个新央行数字货币（CBDC）的发行，央行数字货币桥项目会进一步削弱美元在外汇交易的作用并增加自身在贸易中的潜力（Zoltan，2023）。

二、数字人民币、人民币数字化、虚拟货币的区别与联系

数字人民币、人民币数字化、虚拟货币三者共同构成了中国数字金融生态。数字人民币是基础设施，人民币数字化是支付工具，虚拟货币是市场补充，是交易媒介、跨境支付工具，投资需警惕风险。

（一）概念

1. 数字人民币

数字人民币是中国人民银行发行的法定数字货币，定位为 M0（现金替代），具有无限法偿性。非区块链原生货币，虽借鉴区块链技术概念，但采用中心化账本和“可控匿名”设计，央行可追溯交易数据。

2. 人民币数字化

人民币数字化指传统人民币在银行账户中的电子化形式（如支付宝/微信余额），属于 M1/M2 范畴，依赖商业银行信用。

3. 虚拟货币

去中心化的虚拟资产（如比特币、以太坊），无主权信用背书，价格

由市场供需决定，波动性极高。或由私人机构发行、价值锚定法币（如1∶1美元）的加密资产，如USDT、USDC，需100%储备资产支持，但存在轻微价格波动风险。

（二）角色定位

1. **数字人民币**

数字人民币作为金融基础设施，承担法定货币数字化使命，推动支付体系现代化与跨境合作。

2. **人民币数字化**

人民币数字化通过场景渗透提升金融普惠性，降低社会零售支付成本。

3. **虚拟货币**

作为技术实验田，虚拟货币推动区块链创新，但需隔离非法金融活动。稳定币则在严格监管下探索跨境支付与Web3.0场景。需警惕资本流动风险。

（三）核心区别

1. **数字人民币与人民币数字化的核心区别**

人民币数字化是数字人民币的推广形式，数字人民币是人民币数字化的技术基础。数字人民币支持双离线支付、跨境试点（如多边央行数字货币桥）；人民币数字化覆盖零售、政务、医疗等场景，降低交易成本。

2. **数字人民币与虚拟货币的核心区别**

数字人民币定位M0，强调安全与合规；虚拟货币（如比特币）无主权信用背书，价格波动大；稳定币是“价值锚点”，在跨境支付效率上对数字人民币形成挑战，但中国严格限制稳定币承兑人民币（见表2–1）。

表 2–1　数字人民币、人民币数字化和虚拟货币的区别

维度	数字人民币	人民币数字化	虚拟货币
发行主体	中国央行（中国人民银行）	商业银行或第三方支付机构（如支付宝、微信支付）	去中心化社区、开发者团队或私人机构（如 Tether、Circle）
法律地位	法定货币，具有无限法偿性	属于 M0 或 M1 范畴的电子化，依赖商业银行信用	无政府信用背书，价值完全由市场决定或发行方储备
稳定性	价值稳定，与人民币 1∶1 兑换	价值稳定，与人民币挂钩	价格波动剧烈，受市场供需影响。稳定币则通常锚定法币（如美元），但依赖发行方储备透明度
技术实现	基于区块链或混合架构，支持可控匿名和离线支付	中心化数据库（如银行账户系统）	完全去中心化区块链（如比特币的 PoW）或区块链（如 ERC–20 代币）
监管框架	严格监管，央行直接控制	商业银行监管体系	各国监管政策差异大，多数国家未明确立法，监管存在灰色地带
应用场景	零售支付、跨境结算（试点中）	日常消费、转账	投资、投机、去中心化金融（DeFi）或跨境支付、交易对冲

（四）内在联系

1. 技术基础的重叠

虚拟货币（如比特币）的区块链技术为数字人民币提供了技术参考，但后者通过改进（如可控匿名、双层运营体系）适应法定货币需求。

2. 推动金融数字化

数字人民币和人民币数字化共同推动货币体系的数字化升级；虚拟货币则探索了 DeFi 的可能性，其中稳定币可作为跨境支付工具，补充数字人民币的国际化需求。

3. 监管挑战共性

数字人民币需平衡反洗钱（AML）与隐私保护，虚拟货币同样面临监管合规问题（如 Tether 的储备审计争议）。

4. 支付工具的互补性

数字人民币与虚拟货币中的稳定币均追求价值稳定，但前者靠国家信用，后者靠资产抵押。微信 / 支付宝作为“钱包”可同时接入数字人民币和人民币数字化资金，形成多层级支付生态。

5. 数字人民币与人民币数字化的协同

数字人民币借鉴电子支付技术（如二维码），但突破账户依赖，支持离线支付。数字人民币的“支付即结算”特性解决电子支付的 T+1 结算问题。

三、未来发展趋势分析

数字人民币是主权数字化的基石，人民币数字化升级传统金融效率，而合规虚拟货币将成为拓展场景的“触手”。未来三者的融合需以技术互通为引擎、跨境场景为突破点，最终推动人民币从“贸易结算货币”升级为“数字储备货币”。在此过程中，中国香港的离岸试验与内地的可控创新，将共同构成中国参与全球金融秩序重构的核心竞争力。

（一）技术融合

数字人民币的混合架构兼容虚拟货币技术。数字人民币采用“混合架构”（央行—商业银行双层运营），结合区块链的可追溯性，未来可探索无缝对接虚拟货币的交易系统。如数字人民币可以通过智能合约实现“先到账、后核验”，未来可扩展至稳定币的跨境支付条件触发。同时，虚拟货币借力数字人民币的基础设施。合规稳定币（如中国香港离岸人民币稳定币）可以依托央行数字人民币的清算网络，降低结算风险。

（二）场景融合

三者将分阶段渗透核心金融场景。一是跨境支付领域率先突破。探索“数字人民币 + 离岸人民币稳定币”融合发展模式，实现二者功能互补，有效拓展人民币的国际使用场景和覆盖面。二是普惠金融与政务场景深化。探索“AI+ 数字人民币”整合稳定币，服务跨境灵活就业者薪酬结算。三是资产代币化扩展流动性。推动代币化政府债券、贵金属，数字人民币提供法币定价，稳定币充当交易媒介。

第三节　虚拟资产与数字经济

一、两者差异概述

（一）定义与范畴的差异

在概念界定上，虚拟资产与数字经济的区别相当明显。虚拟资产更多地被看作一种投资工具，具有投机性和风险性，其价值依赖于市场参与者的持续交换意愿。数字经济是指通过信息技术改造传统经济，提升效率和效益的经济形态。在范围界定上，虚拟资产是“点”或“线”，是数字经济生态中具体的、可识别的价值单元或交易对象。数字经济是“面”或

“体”，是一个包含基础设施、技术、商业模式、产业形态、社会互动等维度的庞大生态系统。虚拟资产是数字化的价值对象，是数字经济生态中的具体“货物”或“货币”，数字经济是整个经济体系基于数字技术的重构与运行范式。如虚拟资产通常指代加密货币等数字形式的资产，其市场规模和应用范围相对集中，主要涉及金融投资和交易领域。相比之下，数字经济涵盖数字经济、电子政务、GIS、智慧城市、大数据、物联网等多个领域（见表 2–2）。

表 2–2　　虚拟资产和数字经济的区别

维度	虚拟资产（virtual assets）	数字经济（digital economy）
定义核心	数字化的价值载体或所有权凭证	以数字化知识和信息为关键要素的经济形态
本质	资产 / 价值表现形式（如货币、证券、商品）	经济活动的方式 / 系统（生产、分配、交换、消费）
范畴	具体的、可交易的数字化对象	整个经济生态系统的数字化重构与运行
关键属性	稀缺性、可交易性、价值存储、所有权证明	数据驱动、网络效应、平台化、效率提升、创新驱动
典型例子	比特币、以太坊、NFT、游戏道具、数字收藏品	电子商务、在线支付、云计算、工业互联网、智慧农业、远程办公、数字政务、基于数据的个性化服务

（二）技术基础差异

数字经济通常是基于数字技术如云计算、大数据等的经济活动，而虚拟资产则更多地依赖于区块链技术，两者在技术演进上有着不同的侧重点。数字经济强调的是技术与经济活动的融合，而虚拟资产则更侧重技术本身的特性和潜力。进一步分析虚拟资产与数字经济在技术架构上的差异，可以看到数字经济涵盖了更广泛的技术应用，包括 AI、半导体和汽车电子等。例如，AI 领域的大模型突破和半导体行业的快速发展，都是数字经济技术架构的重要组成部分。相比之下，虚拟资产特别是虚拟货币在技术架构上更注重依托区块链技术实现去中心化和安全性等。

（三）应用场景的差异

数字经济几乎渗透到经济社会所有传统行业和新兴领域，其核心是利用数字技术（互联网、大数据、云计算、人工智能、物联网、5G/6G、区块链等）来改造业务流程、创造新产品与服务、提升效率、优化决策、连接供需。应用场景包括但不限于：电子商务与在线零售、数字内容与媒体、数字金融服务、产业数字化、工业互联网、平台经济与共享经济、数字政府与智慧政务、云计算与数据服务、数字健康、在线教育与远程办公。以5G为例，河南省洛阳市的相关项目成功入选2024年河南省5G应用场景典型案例名单。汝阳县甜牛牧场农业开发有限公司的“甜瓜小镇5G+智慧农业云平台项目”通过集成多种传感器，实现了甜瓜生长环境的全面监测与管理，提高了种植效率和产品质量。此外，中色科技股份有限公司的“5G+数字化工厂”项目，利用新一代信息技术，解决了有色金属加工行业的多个问题，加速了行业的高质量发展。这些案例展示了数字经济在农业、工业等领域的实际应用，以及其带来的效率提升和产业升级。

虚拟资产的核心在于利用密码学和分布式账本技术（主要是区块链）来创建、代表、转移和存储数字化的价值或权利，其应用场景聚焦数字价值表示与交换。如作为支付工具、价值存储、投资投机、去中心化金融、代币化现实世界资产、非同质化代币、Web3.0与去中心化服务、供应链管理与溯源、RWA等。相关内容前文有所提及，在此不做过多赘述。虚拟资产与数字经济在应用场景中展现出互补与竞争的关系。一方面，虚拟资产的数字化特性使其能够与多种技术结合，创造出新的资产交互和预期收益机会。另一方面，RWA 的代币化探索，提高了资产交易的透明度和流动性，促进了实体经济和数字经济的深度融合。

综上所述，虚拟资产与数字经济在概念范畴、技术架构和场景创新应用上存在明显差异。虚拟资产更侧重区块链技术的应用，而数字经济则涵盖了更广泛的技术领域。这些差异不仅体现在技术层面，也反映在市场表现和政策导向上。随着技术的不断发展和创新，两者之间的界限可能会变得模糊，但它们在推动经济发展和技术进步中的作用不容忽视。

二、发展虚拟资产对发展数字经济的作用

数字经济已成为我国第二大产业，核心产业增加值占 GDP 的比重高达 9.9%，[①] 仅次于制造业。数字化、网络化和智能化是数字经济的基本方向，人工智能市场呈现百“模”争鸣、日新月异的快速增长态势，成为资本市场最受青睐的领域。数字经济的浪潮中，虚拟资产作为数字经济的核心要素之一，正在重塑全球经济运行的基本范式。从比特币突破传统货币发行体系到 NFT 重构数字版权规则，虚拟资产通过区块链技术构建起价值互联网的底层架构，推动数字经济向价值化、资产化方向纵深发展。这种变革不仅体现在技术层面，更深刻地改变着人们对财富形态、产权关系和价值交换的认知体系。

在数据要素市场化的进程中，虚拟资产展现出独特的价值转化能力。以太坊智能合约将数据流量转化为可编程的数字资产，DeFi 生态通过流动性“挖矿”机制激活闲置数据价值，金融游戏化（GameFi）模式让

① 资料来源：国家统计局官网。

游戏行为数据产生真实经济收益。这种价值转化机制突破了传统生产要素的线性增值模式，构建起“数据—资产—资本”的螺旋式价值增长通道。企业数字化转型中，虚拟资产成为重要的战略工具，微软、腾讯等科技巨头通过发行数字藏品构建用户生态，波音公司运用数字孪生资产优化供应链管理，展现出虚实融合的商业创新潜力。

在产业互联网领域，虚拟资产正在重构传统产业的价值链。供应链金融场景中，区块链应收账款凭证使中小企业融资效率提升 300%；[①] 智能制造领域，工业元宇宙中的数字资产映射实现全生命周期管理；农业溯源系统通过资产上链，使农产品溢价空间提升 25%。[②] 这些实践表明，虚拟资产不仅创造新的经济形态，更在提升传统产业效能方面发挥杠杆效应。

站在数字经济革命的历史节点，虚拟资产既是技术创新的产物，更是经济进化的推手。其真正价值不在于制造投机泡沫，而在于成为连接实体与数字世界的价值桥梁，推动生产要素实现更高效率的数字化配置。当虚拟资产完成从概念验证到价值创造的跨越，数字经济将进入以价值互联网为核心的新发展阶段，这需要技术创新者、政策制定者和市场参与者共同构建可持续发展的生态系统。

综上所述，虚拟资产通过重构信任机制（区块链）、释放数据价值（NFT）、创新组织模式（DAO），成为数字经济不可或缺的组成部分，为数字经济注入强劲动力。未来，随着技术成熟与监管完善，虚拟资产有望在产业数字化、全球贸易、普惠金融等领域释放更大潜能，推动经济朝更开放、高效、包容的方向发展。

① 从普惠金融到共赢生态：供应链高质量发展新范式［EB/OL］. 绍兴网，2025-06-20.

② 农产品质量追溯系统是否适合中小农业企业？［EB/OL］. 搜狐网，2025-06-18.

（一）虚拟资产对数字金融产生的影响

虚拟资产对数字金融服务市场格局的重塑作用不容忽视。金融业的创新从未停止，但历史上大部分创新成果主要服务于商业机构的专业工具，与大众没有直接关系。然而，21 世纪以来，金融科技的发展使得普通人与金融系统的互动变得更加频繁，移动支付和在线理财成为金融科技的代表性例子。加密货币的兴起和央行数字货币的探索，进一步推动了金融创新的普及。数字孪生技术在金融服务领域的应用，特别是在银行领域，显示出其在解决安全、欺诈检测、行为预测等问题中的重要作用。尽管全球经济放缓和通货膨胀压力可能对金融服务市场构成挑战，但数字孪生技术的可持续发展潜力，以及其在创建更可持续的金融产品和流程中的作用，使其成为金融服务市场格局重塑的重要力量，也许这一场革命会削弱银行传统业务，倒逼金融创新求生存、求发展。

中国香港特区政府发布《香港虚拟资产发展的政策宣告》，表明香港在虚拟资产领域的积极探索和监管创新。香港金管局推出的 Ensemble 项目，聚焦于代币化存款，进一步研究和测试代币化应用，涵盖固定收益、投资基金、流动性管理、绿色和可持续金融、贸易和供应链金融四大代币化资产应用主题。这些进展预示着虚拟资产在数字支付系统中的创新应用前景广阔，虚拟资产的发展正在助力数字金融服务的普及化。

（二）支持数字化商业模式的构建

虚拟资产在数字化商业模式中扮演着至关重要的角色，它们不仅促进了商业模式的可持续性，还推动了创新与发展，并在构建数字化商业模式中展现出核心价值。虚拟资产为实体经济的数字化转型提供了强有力的支持，这种转型不仅加快了经济发展的速度，还提升了效率。虚拟资产也可以作为新质生产力的推动力，通过智能合约和去中心化金融等方式，激发更多的经济活动和创新应用，架起虚拟世界和现实经济之间的桥梁。例如，中国香港特区政府对虚拟资产的包容态度和明晰的税收政策激励了更多初创公司、开发者和投资者进入该领域，加速了DeFi、区块链基础设施、代币化资产等领域的创新，可以催生出更多数字化商业模式。

作为数字世界平台的核心对象，虚拟资产是平台经济长期有效运转的主要力量。数字世界平台提供了具有无限创造力和延展性的交互空间，通过聚集用户和展示商品，实现了消费转化，构成了闭环商业模式。虚拟资产的“数字”特性使其在确权和确值后，能够产生新的资产交互，带来“未来预期收益”的机会。这种资产的交互不仅局限于数字世界，还可以与传统实物资产相结合，催生出更多创新的商业模式。虚拟资产投资的核心理念是创造一个公平的投资环境，确保散户能够参与顶尖项目的投资，成为智能体建设者的一部分，这体现了虚拟资产在构建数字化商业模式中的核心价值。

（三）虚拟资产作为价值存储工具的功能

数字经济通过技术和信息属性，显著提升了各经济体参与全球价值链的稳定性。随着数字经济的发展，虚拟资产的价值存储功能在数字经济生态系统中展现出长期趋势和潜力。这种趋势不仅体现在资本形成水平的提升，还表现在改善市场透明度、维持市场供需均衡、资产配置多元化、去中心化存储等。

进一步来看，虚拟货币可以作为储备币对冲通货膨胀，在传统货币体系中，通货膨胀会导致货币购买力下降，而虚拟资产如比特币等，其总量通常有严格的上限，稀缺性使其在一定程度上能抵御通货膨胀的影响，为投资者提供了一种保值增值的途径，可作为对冲传统货币贬值的工具。同时，当传统金融市场如股票、债券等表现不佳时，投资者将资产配置到虚拟资产领域，实现资产的多元化。虚拟资产因独特的市场机制和需求因素而表现出不同的走势，有助于降低投资组合的整体风险，提高资产配置的灵活性和抗风险能力。此外，虚拟资产基于区块链技术，具有去中心化价值存储特点，没有单一的控制中心或机构来管理资产。这使得价值存储更加安全和透明，避免了传统金融体系中可能出现的单点故障和数据篡改风险，提高了资产存储的安全性和可靠性。

三、案例展示

（一）PayPal 在虚拟资产支付领域的布局

PayPal 作为全球领先的数字支付平台，其在虚拟资产支付服务领域的布局对数字经济生态系统产生了深远的影响。PayPal 通过虚拟资产支付服务推动数字经济的发展，主要体现在以下几个方面。首先，PayPal 为全球消费者和商家提供了数字和移动支付服务，使得用户可以随时随地通过任何平台和设备进行资金的转移和支付。其次，PayPal 为各种规模的企业提供了更安全、更简单的支付解决方案，帮助商家从线上到线下接受各种支付方式，扩大了数字支付的应用场景。最后，PayPal 通过其支付平台为企业提供各种支付解决方案，包括商家网站、移动设备和应用程序以及离线零售位置的支付服务，进一步推动了数字经济的发展。

在数字经济中，PayPal 在虚拟资产支付领域的战略布局主要体现在以下几个方面。首先，PayPal 积极拓展虚拟资产支付服务，通过提供数字货币交易和支付服务，抢占了数字经济的先机。其次，PayPal 通过与各类企业和平台的合作，不断扩大虚拟资产支付服务的覆盖范围和应用场景，提高了数字货币的接受度和使用率。最后，PayPal 通过技术创新和产品优化，不断提升虚拟资产支付服务的安全性和便捷性，为数字经济的发展提供了有力支持。

值得一提的是，蚂蚁集团入局稳定币，可能会对 PayPal 造成影响。如果蚂蚁集团能在跨境支付领域，将稳定币业务真正做实，就意味着作为第三方支付机构的蚂蚁集团能够直接绕过银行进行交易，进而实现跨境支付将能够接近或者完全实现脱离银行体系。再往下延伸，就能发现，稳定币及其相关业务，或许真能帮助蚂蚁集团在国际上再造一个支付宝出来。这并非夸张，以“稳定币第一股”Circle 为例，其发行的 USDC 流通量超过 600 亿美元，已经达到美国中型银行的标准。目前，跨境支付 60% 以上的市场份额仍被 PayPal、Visa 等支付机构占据，蚂蚁集团布局稳定币，应当能提高其在跨境支付领域的竞争力，有助于提升中国国际话语权。

（二）微软对区块链和虚拟资产的应用探索

微软在数字经济中对区块链和虚拟资产的应用探索，正塑造着行业的未来趋势。微软推出支持 GPT-4o AI 大模型的 Copilot+PC，这一创新将 AI 技术与个人电脑深度融合，提升了用户体验。此外，微软的服务器产品和云服务、办公产品和云服务、Windows 收入、游戏和领英等业务板块均表现强劲，占据了公司收入前五名。微软的这些举措不仅推动了 AI 技术的发展，也为区块链和虚拟资产的应用提供了新的平台和机遇。

在数字经济中，微软利用区块链技术实现虚拟资产的创新应用。微软计划在年度会议上就“评估投资比特币”的提案进行投票，若提案通过，微软将成为全球最大的公开上市加密投资公司。迈克尔·塞勒（Michael Saylor）在微软董事会的演讲中提出，比特币代表着“数字资本”，是下一波技术革新的核心机会。他强调，21 世纪最大的数字化转型是资本的转型，而比特币就是数字资本。比特币作为全球第七大资产，增长最快、最受欢迎、最数字化、最全球化。微软若能抓住这一机遇，将在全球财富分布中占据有利地位，推动数字资本的转型。

对微软在数字经济中虚拟资产应用的案例分析显示，其对行业的影响不容忽视。以 2024 年 7 月 15 日微软系统蓝屏事件为例，这一事件迅速成为全球金融市场与经济活动关注的焦点。在全球化的数字经济背景下，微软系统故障的即时反应在金融市场上迅速显现，引发了一系列的波动和调整。这一事件凸显了微软在全球数字经济中的重要地位，其虚拟资产应用的任何变动都可能对整个行业产生深远影响。

第四节　虚拟资产发展战略意义

一、虚拟货币发展暗藏大国博弈

（一）美国态度的转变

虚拟资产作为一种新兴资产，具有去中心化特征。在特定的交易机制和背景下，可以充分体现其交易价值。既可以作为债务抵押、偿还等信用凭证，也可以作为货币汇率衡量工具，具有较大开拓空间和潜力价值。2019 年，特朗普明确表示反对虚拟货币。他曾直接表示，“我不喜欢比特币或其他加密货币，它们不是货币，这些东西的价值虚无缥缈，极不稳定”。可到了2024年，他的态度却大幅转变，表示“我正在制定计划，确保美国成为全球的加密货币之都和世界比特币超级大国”。特朗普提名了一些坚定的比特币支持者进入他的团队，比如美国证券委员会的新主席和白宫的加密货币事务负责人等，这些人不仅是比特币的拥护者，甚至是推动比特币政策的关键人物。他不仅在比特币会议上公开支持加密货币，还开始接受比特币捐款。2025年1月18日，特朗普在其社交账号上发文，宣布推出个人Meme币$TRUMP。推文表示："加入我的‘特朗普社区（Trump Community）’。拿到你的TRUMP代币。玩得开心！”。该虚拟货币推出之后大火，由开盘价0.1824美元，一度涨破70美元，涨幅约为40000%。①

（二）我国目前对发展虚拟货币持谨慎态度

自2017年起中国已经明令禁止了加密货币交易，但真正的强力措施是在2021年之后实施的。国家全面禁止“挖矿”行为，关停相关企业，并打击跨境资金流动，其监管策略几乎涵盖各个方面。这些举措直接导致许多比特币“矿场”关闭，使得全球算力排名重心逐步转向其他国家。这些措施不仅加强了中国在金融稳定政策上的立场，也为其他国家提供了政策参考。与美国试图通过比特币获取金融霸主地位不同，中国更关注通过央行数字货币（CBDC）来维护货币主权，同时以此对抗比特币的国际扩张。曾几何时，中国曾是全球加密货币领域的“领头羊”。不仅交易所几乎被中国人垄断，就连比特币“挖矿”的“产业链”也高度集中在中国。但后来国家开始对比特币和其他加密货币采取严格监管，甚至直接禁止交易，比特币等加密货币的发展环境发生根本性变化。

① 资料来源：东方财富网。

（三）中美博弈分析

1. 总体背景思考

我们做一个设问：黄金有价值，那么黄金是不是货币？众所周知，现在的黄金已经不是货币，而是作为一种贵重金属而存在。但在金本位时代，黄金是货币。为什么以前美元被称为“美金”？因为美元锚定黄金发行。后来，由于布雷顿森林体系解体，黄金不再与纸币（美元）挂钩，世界进入信用纸币时代。

当世界进入信用纸币时代，全球信奉凯恩斯主义的经济政策。凯恩斯主义主张，在经济衰退或低迷时，政府应通过积极的财政政策（增加公共支出或减税）刺激需求，以推动经济增长；此外，还应实行宽松的货币政策以降低借贷成本，鼓励投资和消费，从而与财政政策共同刺激经济。而在实施凯恩斯主义政策时，政府往往需要增加支出，这导致财政赤字扩大，为了弥补赤字，政府会通过发行国债融资，从而推高国家债务水平。

然而，所有扩大需求造成的债务，实际上是一种货币现象。浅显地说，就是政府以释放货币的形式进行借债运行。而随着货币释放越多，其购买力越贬值，实际上是在掠夺人民财富。比如，美国在 40 年间货币贬值 40 倍，这是美国政府无休止印钞造成的。正因为美国政府总在无休止地印钞，才诞生了比特币。比特币的诞生时间是 2009 年底，正值希腊债务危机时段。可以说，比特币是现代化以来第一个私人货币，即去中心化货币。比特币没有国家能控制，其交易数据无法篡改，且比特币的发行数量恒定。所以，比特币和虚拟货币的出现，对于政府控制的央行来说，是天生的对立面。

2. 美国的逻辑

中美态度的截然不同让我们对虚拟资产特别是虚拟货币的定位及发展

可以做一些思考。站在美国层面，美国长期依赖债务融资消费，导致财政赤字、工业萎缩和金融扭曲，叠加贸易摩擦影响，国债市场不稳定。虚拟货币具有去中心化、固定供应、便携、可编程等特性，可作为数字时代的价值存储手段,类似于“数字黄金”。它能在危机时（如银行倒闭、金融制裁）充当避险资产，与传统资产的相关性低，可作为投资组合的多元化工具，适合机构和国家用于对冲地缘政治风险、资本管制和通货膨胀。

以美元稳定币为例，美国政府试图利用美元稳定币巩固美元地位。为维持其币值稳定，美元稳定币发行商一般需要购买等量美国国债或其他类似美元资产作为发行储备。当美元稳定币大规模流行于全世界，实际上是等于全世界各国居民在买入美国国债，支撑美元的价值。这一机制将全球投资者与美元境外流转、美国金融市场联系在一起。随着这种情况的持续蔓延，美元在全球货币体系内的地位将得以进一步提升，美国也会进一步增强对全球经济系统的掌控程度。

总之，美国考虑的是建立新的货币中心甚至是新货币体系，增加美元稳定币吸引力，继续维持其如美元一样的世界货币霸主地位。比如，比特币的总量只有 2100 万枚。美国如果疯狂囤积比特币，其他国家很可能会被迫跟风，也开始抢购比特币。在供不应求的情况下，比特币的价格必然会持续飙升。而一旦美国掌握了大部分比特币的持有量，就可以直接对比特币的定价进行操控，把它变成一种新的“金融武器”。时机成熟后美国可以用比特币来清算国际债务，对美债形成托举，这不仅能减轻自己的债务压力，还能通过比特币的价格波动从其他国家手中牟取暴利。

美国建立虚拟货币战略储备，向市场发出支持信号，吸引资本，强化金融体系，引领金融创新，获得先发优势，保障财政长期可持续性。虚拟货币可助力美国在全球经济竞争中抵销债务驱动金融体系的脆弱性，通过与黄金、长期债券、关税等政策协同，强化美元地位，符合美国在全球推行经济和技术战略的利益，如利用人工智能等技术优势绑定盟友，维护全球领导地位。

3. 中国的应对策略

美元稳定币锚定美债的模式，开创了美元霸权延续的新局面，也向全球货币体系提出了新的命题。站在中国层面，首先要客观认识美元稳定币的发展趋势。美元稳定币的迅速崛起可能通过占据跨境支付和结算的生态位而阻碍人民币国际化进程，削弱人民币竞争优势，也可以绕开我国金融监管，加大我国跨境交易监管难度。但同时，美元稳定币作为一种新的货币战略，一切归根结底要看美元的实力，如果特朗普一意孤行，关税战不息，美元持续衰落，美债的吸引力下降，以美债为挂钩资产的美元稳定币吸引力无疑会大打折扣。而即使关税战告一段落，人们对以美国和美元体系为核心的全球化的信心不复往日，在此大背景下，单靠美元稳定币的推进和把包括比特币在内的加密货币储备化，不可能起到扭转乾坤的作用。此外，稳定币去中心化的交易模式，天然会对中心化的监管形成挑战。美元稳定币的分布式链上交易模式，本身也会对既有的以美元清算系统为核心的环球银行金融电信协会（Society for Worldwide Interbank Financial Telecommunication，Swift）系统形成冲击，为各国规避美国金融制裁提供渠道。

站在中国层面，通过积极推动央行数字人民币，对冲虚拟货币特别是比特币和稳定币带来的冲击。从多部门联合发文出台反洗钱监管方案，阻止加密货币国内交易，到积极推行人民币国际化，中国力求在国际上建立新的金融和数字货币体系，挑战美国地位，但也需要考虑风险与挑战。一方面，中国拥有全球最大的贸易体量、完善的数字支付生态和渐进开放的政策环境，这为人民币国际化提供了坚实基础；数字人民币的推出、更开放的中国香港市场以及“一带一路”的广阔合作空间，都给予人民币“走出去”以新的动力。另一方面，我们也必须清醒地认识到，要撼动美元通过稳定币编织的庞大网络，非一朝一夕之功。人民币国际化需要时间累积信任，政策保持定力。我们需要在风险可控的前提下勇于试错，在国际舞台上善于合作共赢，在制度建设上做到透明可信。唯有如此，才能逐步破解资本管制与市场信心的两难，化解结构性掣肘，打造出令国际社会广泛接受的人民币数字货币体系。

发展稳定币层面，在稳慎监管前提下，发展与境外人民币资产挂钩的稳定币市场，并将人民币资产上链，将为离岸人民币构建宝贵的新投资渠道和应用场景。若能稳步推进各种稳定币与境外人民币资产挂钩，可率先允许境外机构在中国香港市场上发行与人民币资产挂钩的稳定币。假以时日，通过稳定币形成境内外人民币市场的有序联结。

未来可以预见的是，数字技术与主权货币的角力将日趋激烈：一边是美国借稳定币巩固美元主导权并强化对他国的金融影响力，另一边是包括中国在内的新兴经济体希望利用数字货币实现货币体系的重构和平衡。这场货币竞争，既是技术标准之争，更是国际政治与信用之争。

从美国的疯狂炒作到中国的坚决抵制，虚拟货币这场风波不仅仅是一次市场热潮，更是一场关于金融和经济的博弈。美国把虚拟货币当成了救命稻草，试图用它来解决债务危机；而中国则保持冷静，拒绝被卷入这场虚拟金融的狂热中。这两种态度的背后，其实反映的是两种截然不同的经济策略。未来虚拟货币的价格是继续上涨还是崩盘？美国能否控制系统性风险？抑或是巩固霸权地位，这需要时间来给我们答案。

二、虚拟资产交易可以为政府带来财政收入

（一）税收政策——直接财政收入的制度性突破

虚拟资产交易的税收政策是各国政府获取财政收入的核心手段。以中国为例，早在 2008 年，国家税务总局便明确个人通过网络买卖游戏虚拟货币（如 Q 币、魔兽币）的收益需按“财产转让所得”缴纳 20% 个人所得税，理论上可形成每年超 20 亿元的税收规模。尽管执行中存在监管盲区，但这一政策首次在法律层面承认虚拟货币的财产属性，为后续征税奠定基础。2024 年，上海市税务局重申该政策，引发对加密货币征税合法化的讨论，尽管争议集中于 2008 年批复是否适用于比特币等新型资产，但其释放的财政信号表明，税收框架的完善是必然趋势。

韩国则通过系统性立法强化税收合规。2024 年，韩国国税厅委托 GTIC 开发虚拟资产综合管理系统，计划 2025 年投入运行，旨在追踪交易数据、遏制逃税，并通过《公司税法》《所得税法》修正案强制企业报告交易细节。印度则采取更为激进的税制，对虚拟资产转让收益征收 30% 高税率，并追缴交易所逃税行为，仅 2024 年便查处 9700 万美元未缴税款，[①] 其中币安等平台成为重点稽查对象。这些案例表明，通过差异化税率设计与技术化监管工具，虚拟资产交易可转化为稳定的税收来源。

（二）罚没资产处置——灰色地带的财政补充

在打击犯罪过程中，各国政府通过处置查获的虚拟资产间接扩充财政收入。中国地方政府自 2021 年全面禁止加密货币交易后，反而面临涉案

① 资料来源：2022 年印度联邦预算（财政部长西塔拉曼公告）以及印度财政部 2024 年 12 月披露文件。

资产激增的状况。2023 年涉及加密货币犯罪金额达 4307 亿元，收缴资产价值同比增加 120%，地方政府通过与私营机构合作在境外变现查获的比特币等资产，部分区域罚没收入中 30% 以上来自此类操作。

韩国高阳市则通过立法授权，要求交易所冻结欠税人虚拟资产，2023 年对 1 万余名欠税者实施资产扣留，凸显虚拟资产在强制执行中的工具价值。此类实践虽依赖国际合作与技术中介，但展现了虚拟资产作为“特殊涉案财物”的财政潜力。

（三）产业经济带动——间接税收与就业增长

虚拟资产交易生态的扩张间接推动相关产业税收增长。以游戏产业为例，中国虚拟物品年交易量超百亿元，职业玩家通过转让游戏币获利需缴税，促使网游公司调整规则并加强合规，进而提升企业所得税贡献。此外，交易所、钱包服务商及区块链技术企业的兴起，创造了新的就业岗位与企业所得税源。韩国在构建虚拟资产管理系统的过程中，带动 GTIC 等科技企业参与开发，形成产业链协同效应。

尽管虚拟资产交易为财政增收提供新路径，但其面临多重挑战：其一，合法性争议。中国在禁止交易的同时征税，导致政策矛盾，若承认应税所得合法性，可能变相鼓励投机行为。其二，技术监管难题。虚拟资产匿名性与跨境流动性使得税收稽查依赖区块链溯源等高新技术，中小国家难以负担相关投入。其三，国际合作需求。资产跨境处置需协调各国税制，如中国考虑通过香港地区主权加密基金实现“境内执法、境外处置”，则依赖国际金融枢纽的协作。

虚拟资产交易的财政价值已从理论探讨走向实践落地，各国通过税收创新、罚没变现及产业联动，逐步将其纳入财政体系。然而，政策制定需在风险防控与收益获取间寻求平衡，既需技术赋能实现精准监管，亦需法律重构明确资产属性。随着数字经济的深化，虚拟资产或将成为政府财政收入中不可忽视的“新蓝海”，但其可持续发展依赖于全球治理共识与制度创新的协同推进。

三、对金融和资本市场的影响

2025 年上半年，稳定币世界发生的两大事件可以为我们研究虚拟资产对金融界的影响带来启发。一是全球第二大稳定币 USDC 的发行方 Circle 已经成功上市。这不仅仅是一家公司的资本运作，更像是一场“虚拟资产”对华尔街的正式“路演”。自此，稳定币安全、合规，并有资格登上主流金融的殿堂。二是蚂蚁国际将在中国香港申请稳定币牌照，表示“希望为香港建设未来国际金融中心贡献更多力量”。而京东在稳定币领域也早有动作，2024 年 7 月京东旗下京东币链科技（香港）有限公司就已成为香港金管局公布的首批稳定币发行人“沙盒”参与者，2025 年 6 月已进入测试第二阶段。当华尔街为“数字美元”敲钟，当产业巨头开始将其用于供应链金融时，我们意识到，虚拟资产的发展正在演变为一种全新的、底层的全球金融协议。特别是在金融创新、支付升级、去中心化金融等领域，其深远的影响力将不可估量。

（一）虚拟资产对金融产品创新的影响

随着虚拟资产的迅猛发展，金融产品设计正迎来一场革命性的变革。在金融创新中，虚拟资产对传统金融产品的影响日益显著。例如，日本金融厅计划进一步完善加密资产的税务处理和监管框架，将加密资产交易纳入类似上市股票等金融产品的税收框架中，以支持加密资产作为国民资产形成的重要金融工具。代币化浪潮让传统金融产品的所有主要发行、转让、拥有权和记录备存，都能以近乎原子速度在区块链上完成，这不仅提高了效率，也为金融创新提供了新的可能性。各大资产管理公司也正积极探索将虚拟资产与传统金融产品结合的新路径，以满足投资者需求。香港金融管理局推出的 Ensemble 项目沙盒，通过引入批发中央银行数字货币（wCBDC），促进了代币化存款和资产的无缝结算，为现实世界资产和虚拟世界货币架起桥梁，也为新型资产支持证券提供产品创新路径。综上所述，虚拟资产正在塑造金融产品设计的新趋势，推动金融产品设计创新，并在金融创新中对传统金融产品产生深远影响。

（二）稳定币在跨境贸易中的积极作用

一是有效规避美国金融制裁。当前，传统跨境支付体系高度依赖国际银行间的通信网络系统（SWIFT 系统）传递金融指令，且美元在贸易结算中占据主导地位，这种格局导致全球贸易市场长期受制于美国的政策威胁，同时承受汇率波动和储备压力。在此背景下，稳定币通过去中心化特性，为突破传统体系限制提供了新路径，探索出新的跨境结算货币、支付结算工具及方式。稳定币支持多币种直接锚定，推动贸易双方采用本币或本币稳定币结算。同时，结合智能合约自动执行多边货币互换协议，突破对美元的依赖，应对美国金融制裁风险。二是实时清算效率提升。在传统的跨境贸易支付体系中，资金流转依赖代理行网络，需经多个中间机构，结算周期长，通常需要 3~5 个工作日才能完成。而稳定币基于区块链，实现 7×24 小时无间断运转，只需几秒到几分钟即可完成链上确认和结算，优化了企业现金流管理，提升了资金周转效率。三是降低交易结算成本。传统跨境贸易中的支付涉及代理行网络多层手续费，而稳定币实现点对点价值传输降低成本，且智能合约自动执行支付指令，省去了人工审核与对账成本。据世界银行测算，稳定币可使中小额跨境汇款成本从6.35%降至3%以下，在非洲等新兴市场，通过移动钱包的稳定币转账成本可低至0.5%。四是赋能中小企业参与跨境贸易。一方面，传统跨境贸易中，中小企业常因信用评估严格、抵押要求高而面临融资难题。稳定币提供透明、可追溯的交易记录，有助于建立信任机制，使中小企业无须依赖传统信用评估即可直接参与贸易。另一方面，汇率波动是中小企业跨境贸易的重要风险。稳定币可将汇率锁定在交易发起时点，消除中转行汇兑差价，减少汇率风险。此外，智能合约等区块链技术可以自动化执行风险管理策略，当汇率达到某个阈值时自动买入或卖出货币等。

（三）区块链技术为金融创新提供安全保障

区块链技术在虚拟资产交易和所有权验证中扮演着至关重要的角色，随着区块链技术的不断发展，其在虚拟资产交易和所有权验证中的作用将愈发凸显，为金融市场的高效、透明和去中心化提供技术支撑。一是区块链技术为虚拟资产提供了安全性和透明度。作为一种去中心化的分布式账本技术，区块链结合了分布式存储、点对点传输、共识机制和密码学等技术，通过不断增长的数据块链记录交易和信息，确保数据的安全和透明性。二是区块链技术为数据安全治理开辟了新路径，在数字化浪潮席卷全球的今天，数据深刻改变着人们的生活方式与经济格局。然而，数据安全的风险与挑战也日益凸显，网络威胁、恶意软件、数据泄露、网络诈骗等问题层出不穷，给个人隐私、企业安全乃至社会稳定带来了严峻考验。区块链技术通过将数据分布在多个节点上，极大地降低了数据篡改和网络攻击的风险，同时提供了高度透明的交易机制。这种透明性不仅有助于减少欺诈行为，还能促进企业与合作伙伴之间的信任，使区块链在金融服务和供应链管理等对安全性和透明度要求极高的行业中成为不可或缺的工具。

（四）对去中心化金融的发展与影响

去中心化金融（DeFi）技术的发展，是金融包容性提升的关键因素之一，预计到 2029 年全球市场规模将达到 11.2 亿美元，年复合增长率为 6.5%。DeFi 通过智能合约和去中心化应用程序（DApp）实现点对点金融服务，极大地提高了金融交易的可访问性和效率。在虚拟资产领域，DeFi 的创新应用正逐步显现其市场影响力。卡尔达诺（Cardano）创始人查尔斯·霍斯金森（Charles Hoskinson）预测，比特币生态系统中的 DeFi 将在两到三年内超越其他所有加密 DeFi，强调了比特币 DeFi 的潜力和规模优势。此外，比特币现货 ETF 的获批，被视为 Web3.0 生态发展的重要一步，丰富了加密货币的配置手段，首日成交额超过 46 亿美元。这不仅加强了资产的安全性，也体现了 DeFi 在金融创新中的重要作用。市场情绪指数的大幅下降和 DeFi 板块的 TVL 负增长，反映出市场正在经历去杠杆化过程，但稳定币市值的增长显示基础流动性仍在持续流入，表明 DeFi 项目依然受到市场的青睐。

四、为现实世界资产盘活提供新思路

现实世界资产代币化（real world assets，RWA）是指将现实世界中具有内在价值的各类有形或无形的真实资产（包括房地产、商品、股票、债券、信贷、能源、艺术品、知识产权等）的权益份额化、通证化（tokenising），使其可以在区块链上进行广泛（全球性）交易和管理，通过智能合约提高交易效率，从而提高这些资产的流动性和安全性，增强市场透明度和可信度，扩大交易参与者和社会投融资机会。

由于底层资产可以拓展与丰富，RWA 具有较大发展潜力和空间。当前形势下，盘活存量资产、加强资金有效利用和循环对于经济发展至关重要。近些年，不动产信托基金（REITs）等资产支持证券在市场上备受关注，成为盘活资产的新型工具。RWA 的运作方式与 REITs 有一定相似性，可以将其看作是新兴金融领域的一种资产证券化实现方式。与传统资产证券化相比，RWA 的优势是在区块链技术与全球去中心化交易支持下，效率更高、安全性更好、流动性更强。我国拥有数量庞大的基础设施、房地产等重资产，可以探索通过 RWA 释放流动性开展融资，作为盘活资产新路径。同时，我国数据资产入表逐步推进，RWA 也可以为数据资源整合、收益权流通提供渠道和支撑，推动数据资产高质量发展。

我国具备强大的制造业和产业链基础，以及深厚的文化底蕴。在新型基础设施建设、城市更新、贸易物流、文旅资产盘活、非遗经济发展等方面均可发挥 RWA 的独特作用，特别是要充分发挥 RWA 在盘活存量资产方面的关键作用，包括流动性重构、交易效率升级和普惠金融等，探索出一条适合我国经济发展模式的 RWA 赛道。

进一步思考，RWA 不只是简单的融资工具，更是推动资产、技术、数据等生产要素优化配置的重要手段，对产业升级和数字化转型具有战略规划作用。通过构建更加灵活、透明、高效的市场，可以依托 RWA 从产业战略规划、数智化升级改造、流动性提供等多维度推动企业实现跨越式发展，适应数字经济发展需要。

鉴于 RWA 从金融资产向实物资产延伸，稳定币作为交易媒介会覆盖更多垂直领域，美元稳定币与人民币国际化的大国博弈将持续进行。我国可以考虑以 RWA 和中国香港《稳定币条例》实施为契机，推动国内 RWA 底层资产、港元稳定币、央行数字人民币的战略协同，既可以盘活国内存量资产，又可以支撑港元稳定币流动性，同时推动人民币国际化进程。从资本化到证券化再到货币化，从传统金融到金融新业态，RWA 不仅是“大国博弈”与“新老交替”中的机会，更是全球化趋势中的突破口，值得广泛关注和深入探索实践。

五、具体案例

（一）瑞波在国际汇款中的创新实践

瑞波（Ripple）技术在国际汇款领域的创新应用表现在其独特的分布式账本技术，该技术通过提供一个去中心化的支付协议，允许银行和支付提供商直接进行交易，无须依赖传统的中介机构。这种直接的交易方式不仅加快了资金的转移速度，还降低了交易成本。根据相关数据，Ripple 网络的交易速度可以达到每秒 1500 笔，[①] 将跨境支付的时间从几天缩短至几秒。这种效率的提升，不仅提高了资金的流动性，也为参与交易的各方带来了显著的经济利益。据分析，使用 Ripple 技术进行的国际汇款，其成本可以降低至传统汇款成本的 50% 以下。一家使用 Ripple 技术的银行报告称，其跨境支付的成本降低了约 60%，而处理时间缩短了 90% 以上。[②] 这些数据表明，Ripple 技术在提升资金流动性和降低交易成本方面具有显著的优

① 资料来源：Ripple 官网早期技术文档及宣传材料。

② 资料来源：Ripple 2020 年发布《银行削减成本案例》报告以及 2025 年 SWIFT-Ripple 合作中花旗银行试点数据。

势，为国际汇款领域带来了革命性的变革。同时，这种成本的降低，不仅对消费者有利，也使得小型企业和新兴市场能够更容易地进行国际交易，促进了全球经济的互联互通。

（二）以太坊推动智能合约金融生态发展

智能合约在虚拟资产市场中扮演着至关重要的角色，通过电子化和数字化的交易机制，债券市场能够运用区块链智能合约实现自动化操作，这不仅提升了效率和透明度，还增强了流动性并降低了成本。此外，智能合约的自动化特性能够自动完成汇率转换和支付处理，减少人工操作和错误，同时确保费用透明，提供了更多支付选择和灵活性。例如，Web 3.0 钱包如 MetaMask 和 Trust Wallet 支持多种加密货币的存储和转账，实现全球范围内的支付，这大大提升了跨境支付的效率和便利性。同时，数字化的特点提升了真实资产的流动性和可交易性，让更多投资者获得对优质资产的投资机会，打通了传统行业的融资堵点。

智能合约通过自动化交易简化了虚拟资产的交易流程。它们能够在预设条件满足时自动执行资产和权利的转移，这种自动化不仅提高了交易效率，还降低了结算失败的风险并提高了可靠性。例如，OKX 推出的 Smart Picks 功能，通过 AI 技术简化了加密货币交易的复杂性，用户只需一键即可访问高级策略，减少了研究时间，提高了交易的便捷性。此外，智能合约的原子结算特性确保了交易的所有部分同时完成，而可组合性则允许不同的代币化资产组合在一起，创造更复杂的新型金融产品，以提供高度定制化的资产管理和转移解决方案。代币化资产可以被分成更小、更容易获取的份额，实现了部分所有权。

在虚拟资产领域中，智能合约的风险管理和自动执行功能同样不容忽视。智能合约技术能够实现数据资产、加密资产和RWA交易和管理的自动化发行交易利用。当满足一定条件时，智能合约可以自动执行数据资产的授权使用、收益分配，以及RWA数字代币的发行、交易、赎回等操作，提高了交易效率和降低了人为操作风险，从而增强信任并创造价值。

从以太坊推动智能合约发展看，一是以太坊智能合约技术在金融生态中的创新应用不断涌现。中国香港地区虚拟资产ETF的获批标志着香港在构建Web3.0生态系统方面迈出了重要一步。华夏基金（香港）、嘉实国际和博时国际等机构获批发行虚拟资产现货ETF，于2024年4月30日在港交所上市，提供紧贴比特币、以太坊表现的投资回报。二是以太坊智能合约正推动金融产品和服务的创新。瑞士国有银行瑞士邮政金融集团（PostFinance AG）通过推出质押服务，扩大了其数字资产产品范围，为以太坊持有者提供赚取被动收入的机会；该集团计划在“近期”内支持更多代币的质押服务，进一步丰富以太坊的金融应用场景展望未来，ETF发行方可能需要在2025年承担起为以太坊打造并推广更具吸引力叙事性的责任。

（三）RWA的探索实践

目前在国内多个领域RWA已经开始了探索实践。如在新能源领域，朗新集团推行充电桩收益权通证化，集团与蚂蚁数科合作将旗下“新电途”平台充电桩的运营收益转化为数字资产，每个通证对应部分收益权。通过AIoT实时上传运营数据至区块链，确保透明性，吸引机构融资约1亿元。协鑫能科开展国内首单光伏RWA项目，将湖北、湖南的82兆瓦户用光伏项目通证化，募资超2亿元。降低融资成本，助力ESG国际化。上海“马陆葡萄”RWA项目实现了农业与数据资产相结合下的融资模式创新，是国内首单农业数据资产 RWA。左岸芯慧联合上海数据交易所整合葡萄生产数据形成可交易数字资产，融资千万元用于智慧农业建设，实现“数据要素→金融资产”转化，推动农产品溯源和品牌升级。

我国 RWA 具体实践案例如表 2–3 所示。

表 2–3　典型国内 RWA 案例

领域	代表企业 / 项目	锚定资产	规模 / 金额	核心创新点
新能源充电桩	朗新集团 & 蚂蚁数科	充电桩收益权	1 亿元	AIoT 实时数据上链，收益权分拆
光伏资产	协鑫能科 & 蚂蚁数科	户用光伏电站	超 2 亿元	首单光伏 RWA，区块链赋能 ESG
农业数据资产	左岸芯慧马陆葡萄项目	葡萄生产数据	千万元	首单农业数据资产化，支持溯源
绿色金融	Gfforce Lab 加速器	碳信用、绿电资产	目标百亿级跨境	深港跨境通道，AI 优化碳交易
区域合作	海南—香港联动	多类实体资产	试点阶段	数据跨境 + 香港资本 + 国际交易闭环

第三章

虚拟资产交易、评估和会计确认

第一节　虚拟资产交易机制和规则

一、交易时间

（一）虚拟货币

7×24 全天候交易：主流交易所（如 Binance、Coinbase）全年无休运作，仅因技术维护暂停。2024 年 12 月，比特币价格强势突破 10 万美元[①]，创下历史新高，这主要得益于市场对即时交易的高度依赖以及投资者对加密货币的狂热追捧。然而，到了 2025 年 1 月，价格回落至 9 万美元左右[②]，反映了市场情绪的波动和对即时交易的依赖性。

流动性时段分化：欧美市场活跃时段（如美股开盘）交易量占比最大，根据研究机构 Kaiko 的数据，2024 年美国交易时段（覆盖美股开盘时间）的比特币兑美元交易量占比达到 57%；亚洲市场则在韩日交易时段（UTC+9）集中爆发，韩国新规要求跨境交易平台每月向央行报告数据，可能影响流动性分布。

（二）NFT 交易

平台主导型时间规则：OpenSea、Blur 等，作为 NFT 市场主流交易平

① 郑瑜.比特币首次迈过10万美元关口 疯狂不息风险未止［EB/OL］.中国经营报网，2024-12-05.

② 卢梦雪.跌破9.2万美元关口，比特币继续震荡，加密市场大规模爆仓［N］.华夏时报，2025-01-11.

台，均支持 7×24 小时全天候交易。拍卖类 NFT 常设倒计时机制，例如，OpenSea 的“定时拍卖”模式默认设置 24 小时或 48 小时倒计时，结束时出价最高者成交。Blur 的“Bid to Airdrop”活动中，用户需在特定时间窗口内（如 24 小时）提交接近地板价的竞价以获取积分奖励，系统动态显示剩余时间。

项目方动态控制：BAYC 等头部项目通过智能合约限时（如 48 小时窗口），同时，创新机制允许平台根据市场流动性需求调整发行窗口，取代固定时长限制。

（三）游戏资产

链上自由交易：可通过去中心化交易所随时交易，但数据显示，2015~2023 年，虚拟物品（游戏）交易规模整体继续保持增长的态势，2023 年我国虚拟物品（游戏）交易规模为 742.5 亿元，同比增长 14.44%，同时，2024 年中国游戏用户为 6.74 亿人，同比增长 0.94%。随着市场规模的持续扩大、交易方式的多样化以及监管体系的逐步完善，虚拟物品（游戏）交易行业将继续保持快速增长的态势。在交易方式上，移动端交易预计将达到 70%，显示出移动互联网的普及对游戏虚拟交易市场的影响日益显著。①

活动周期限制：如“The Sandbox”土地拍卖需配合版本更新，随着 Web 3.0 快速发展，数字资产技术逐步推广应用有利于“虚实结合”的游戏资产创新，可能推动跨平台交易时间同步化。

---

① 2025 年中国虚拟物品（游戏）交易行业发展历程、市场规模及未来前景研判［R］. 智研咨询，2025-01-16.

（四）社交媒体账号及附属权益

近年来，全球社交网络平台市场规模迅速扩张，2022年市场规模已达到1754.43亿美元。中国互联网络信息中心数据显示，中国网民规模从2015年的6.88亿人增长至2024年的11.08亿人，互联网普及率升至78.6%。这一增长有赖于短视频、直播电商的兴起，以及用户对高粉丝量账号的快速商业化需求。例如，抖音、小红书等平台的高流量账号因能直接带来广告收益或带货转化，成为交易热点。[①]然而，社交媒体账号及附属权益市场仍以非官方私下交易为主，约70%交易通过社交群组或直接转账完成，无固定和官方的交易所或交易平台，缺乏规范保障，有很多合法性争议，不少社交平台（如微博、抖音）的用户协议明确禁止账号买卖，违反可能导致账号封禁，如果有的账号被用于诈骗等犯罪活动，卖家可能构成帮助信息网络犯罪活动罪。

二、交易机制

（一）虚拟货币交易

当前国际虚拟货币交易机制在借鉴传统金融市场规则的基础上，形成了独特的运行框架。其核心撮合原则与A股市场类似，包括价格优先原则（较高买价或较低卖价订单优先成交）和时间优先原则（同价位订单按提交顺序执行）。但与A股的T+1交收制度不同，虚拟货币普遍采用T+0模式，支持当日多次买卖，且交易时间覆盖24小时全年无休，流动性更高。

在交易模式上，主要分为两类：

① 中国互联网络发展状况统计报告［R］. 中国互联网络信息中心，2025-01-17.

（1）中心化交易所（如 Binance、HashKey Exchange），采用集中撮合机制，提供高流动性和快速交易，部分平台引入集合竞价机制确定开盘价，并设置实时动态匹配的连续竞价阶段，类似 A 股的交易流程。

（2）去中心化交易所（如 Uniswap），依赖智能合约实现点对点交易，无须中心化撮合，但交易效率较低且缺乏监管保障。

国际主流平台普遍未设置涨跌幅限制，价格波动剧烈，与 A 股 10% 的常规涨跌停机制差异显著。为提升市场深度，顶级交易所（如 HashKey）与流动性提供商（如 B2C2）合作，通过多币种法币通道和合规化运营增强交易稳定性。风险控制方面，虚拟货币交易强调选择持牌合规平台（如香港证监会监管的 HashKey），以规避非法集资或黑客攻击风险，同时部分平台提供模拟账户机制供投资者熟悉操作，但整体监管仍弱于 A 股市场。

此外，衍生品市场火爆：2024 年 12 月，全球中心化交易所（CEX）的现货和衍生品总交易量达到 11.3 万亿美元，其中衍生品交易量为 7.58 万亿美元，占比约 67.1%①，Bybit 等平台永续合约杠杆率高达 100 倍。然而，2025 年 6 月 4 日，香港财经事务及库务局局长许正宇在答复议员提问时表示，香港证监会正积极考虑为专业投资者引入虚拟资产衍生品交易，而散户则仅限于现货交易，专业投资者的门槛包括持有 800 万港元以上资产、具备衍生品交易经验与风险评估能力等条件，这意味着普通散户投资者即使身在香港，也无法参与衍生品交易，只能依赖海外交易所进行操作。

① 2024 年 12 月 CEX 的现货和衍生品交易量合计 11.3 万亿美元，创历史新高［EB/OL］.腾讯网，2025-01-16.

（二）NFT 交易

分级销售策略：蓝筹（变价值、稀缺性强）NFT（如 CryptoPunks）采用价格递减式拍卖机制，这样有助于发挥市场价格发现功能，无须争抢出价，避免链上拥堵抬高手续费。普通 NFT 采用固定价格、先到先得或抽签式机制。

跨链捆绑交易：2025 年 6 月，OpenSea 宣布升级至 OS2 平台，支持 19 条区块链的资产交易（包括 NFT 和同质化代币），新增“跨链代币兑换”功能，用户可打包不同链上的 NFT 进行捆绑交易或兑换。

（三）游戏资产交易

B2C 模式崭露头角：《王者荣耀》在 2025 年 1 月的收入达到了近 42 个月以来的最高值，其在苹果 App Store 和 Google Play 商店的收入，在 1 月达到了 1.93 亿美元，环比飙升超 9000 万美元，这一成绩主要得益于其游戏内销售的高人气皮肤、IP 联动及春节活动。为了保障游戏内产品销售，一些第三方平台（如 DMarket）则会提供担保交易服务[①]。对此，中国香港地区要求相关平台建立资产托管机制，以有效防范潜在风险。

三、交易指数

（一）虚拟货币指数

香港交易所于 2024 年 11 月 15 日正式上线虚拟资产指数系列，这是香港交易所在香港市场开发首批符合欧盟基准法规（BMR）的虚拟资产指

① 重返全球收入最高!《王者荣耀》创下游戏历史第二高单月收入［EB/OL］. 快科技，2025-02-17.

数系列，包括比特币指数系列和以太坊指数系列。香港交易所虚拟资产指数系列为比特币和以太币在亚洲时区的价格提供透明、可靠的基准，支持中国香港地区发展成为亚洲领先的数码资产中心。指数系列将分别包括比特币及以太币的参考指数，以及其参考汇率。参考指数是比特币或以太币24小时成交量加权的现货参考价，由来自评级最高的虚拟资产交易所的价格汇总而成，并以美元为单位实时计价。参考汇率则是为金融产品结算而设，于北京时间每日下午4时计算[①]。

国际上目前还有一些常用的参考指数，为投资者提供参考。比如，CoinGecko是一个加密货币数据平台，提供多种指数来反映市场整体表现，CoinGecko综合指数是一种反映区块链市场整体表现的指数，它通过跟踪一系列数字货币的表现来帮助投资者了解整个市场的趋势。比特币波动率指数（BitVol）是由金融指数公司T3 Index与比特币期权交易平台LedgerX合作开发的指数，它衡量的是从可交易的比特币期权价格中推导出的30天预期隐含波动率。

此外，一些交易所会设置一系列交易指标方便投资者作出明智决策，这些交易指标也反映虚拟资产的相关表现，通常有100个以上，最常见的有10个：一是简单移动平均线（SMA），最适合根据历史平均值发现趋势方向；二是相对强弱指数（RSI），最适合评估加密货币是否超买或超卖；三是斐波那契回撤，最适合评估任何加密货币市场的关键支撑位和阻力位；四是移动平均线收敛散度（MACD），最适合理解两个移动平均线之间的关系；五是成交量指标，最适合根据成交量了解定价趋势的强度；六是随机震荡指标，最适合根据买入和卖出压力产生看涨和看跌信号；七

① 港交所将于11月15日推出虚拟资产指数系列［EB/OL］. 智通财经网，2024–10–28.

是布林线，最适合通过相对高价和低价分析波动性；八是抛物线转向指标，最适合寻找即将发生逆转的潜在入场点和出场点；九是平均方向指数（ADX），最适合计算现有市场趋势的强度；十是平衡交易量（OBV），最适合通过交易量、流量预测加密货币价格变化[①]。

（二）NFT 指数

曾经 NFT 热度高的时候，出现过一批专业的指数体系，常用的衡量 NFT 价值的指标有，一是地板价，也称为"入门价格"，简单来说就是 NFT 集合中最便宜的 NFT 的价格。地板价是加入或拥有 NFT 项目可以购买或支付的最小金额，也是衡量 NFT 项目在社区中的受欢迎程度的绝佳统计数据。二是市值，通过将其 7 天的平均价格乘以其总供应量而计算得到。三是钻石手值，指未出售其初始 NFT 收藏并准备长期持有其资产的所有者的百分比，简而言之，钻石手余额是指有远见的计划持有 NFT 的持有者数量。四是独特的持有人，即 NFT 唯一持有者的数量，该指标用于确定项目周围社区的规模。社区越大，支持越多，这有助于将项目出售给更多的潜在购买者。五是成交量，该指标说明了该系列的总体需求，成交量越高，表明人们愿意买卖的迹象就越好，交易量越高也表明市场的流动性越好。六是稀有度分数，具有较高稀有度分数的 NFT 通常比具有较低稀有度分数的 NFT 更有价值，通过稀有度评分，NFT 收集者可以评估单个 NFT 的价值。此外，2022 年，知名链上分析公司 Nansen 推出 6 个 NFT 指数来跟踪以太坊区块链的市场活动。

① Eric Huffman. 2025 年加密货币交易的 10 个最佳技术指标［EB/OL］. Crypto 视界，2025-03-28.

（三）游戏资产指数

目前，游戏内虚拟资产尚未形成全球统一的标准化指数体系，主要基于市场交易数据、游戏内属性、稀缺性及外部监管框架。一般情况其依赖不同的游戏公司和交易平台自己定价，也受到游戏内以玩家之间交易为主的交易市场的供需影响，例如，《梦幻西游》中限量坐骑因供不应求价格飙升。

第二节　虚拟资产交易场所

一、美国虚拟资产交易所

（一）美国虚拟货币交易所

美国是全球虚拟货币交易的核心市场，拥有超过 15 家主流合规交易所（如 Coinbase、Kraken、Binance.US 等），其中头部平台用户规模超千万。根据 Kaiko 2025 年 3 月数据，美国交易所的全球交易量占比中，BTC 交易量占比 11.5%，ETH 交易量占比 8.6%，ADA、SOL 等主流代币占比约 12%，此数据仅反映现货交易，未涵盖衍生品及机构场外交易。从全球地位看，Coinbase 和 Kraken 长期位列全球交易所前五名，尤其在合规性、技术安全性和机构服务领域领先。目前，约 80% 的美国交易所已实现全面合规运营，但监管成本上升也导致中小平台（如 Bittrex）退出市场。

（1）Coinbase 成立时间：2012 年。管理人：联合创始人布莱恩 · 阿姆斯特朗和弗雷德·埃尔萨姆（Brian Armstrong & Fred Ersam）。规模与特点：美国最大的加密货币交易所 Coinbase，验证用户数超过 5000 万人，支持比特币、以太坊等主流币种及上百种其他加密货币，根据 CoinGecko 数据，Coinbase 占美国加密货币交易市场交易量的 76.2%。以高安全性和用户友好界面著称，提供冷存储、双重验证和资产保险。衍生服务包括 Coinbase Pro（专业交易）、钱包服务及企业级金融工具。管理模式：严格遵循 SEC 和 CFTC 监管，持有纽约州 BitLicense 及欧洲电子货币许可。

（2）Kraken 成立时间：2011 年。管理人：创始人杰西 · 鲍威尔（Jesse Powell）。规模与特点：面向专业投资者，支持现货、期货、杠杆交易及 API 量化交易。低手续费（0.16% ~ 0.26%），提供深度市场数据和场外大宗交易服务。管理模式：采用冷热钱包隔离、分层账户管理，并通过定期安全审计确保合规。

（3）Binance.US 成立时间：2019 年（母公司币安成立于 2017 年）。管理人：母公司币安由赵长鹏（CZ）创立，Binance.US 在名义上作为独立实体运营以符合美国监管，但其与母公司的实际独立性一直受 SEC 关注。规模与特点：支持超 100 种加密货币，交易费率低至 0.1%（使用 BNB 支付可进一步折扣）。以高流动性和快速交易引擎著称，适合高频交易者。管理模式：采用母公司币安的安全技术，定期进行第三方审计，但需面对美国本土严格的监管限制。

（4）Gemini 成立时间：2014 年。管理人：文克莱沃斯（Winklevoss）兄弟（卡梅伦和泰勒）。规模与特点：合规性标杆，支持比特币、以太坊及稳定币交易，提供托管服务和加密货币衍生品。98% 资产冷存储，通过 SOC 2 安全认证。管理模式：作为全美首个获得纽约州信托牌照的交易所，特别强调资产的隔离与交易的透明度。

（二）美国 NFT 交易平台

美国 NFT 交易市场以综合型平台为主导，头部交易所（如 Coinbase NFT、Kraken NFT）通过集成钱包和低门槛铸造工具抢占份额，美国也有独立且领先的巨头存在，比如 OpenSea，总部设在美国。据 globenewswire2022 年报告数据，全球 NFT 市场中，北美（以美国为主）是最大的市场，市场份额约为 32%[①]，交易品类主要集中在数字艺术、元宇宙地产以及名人 IP 领域。美国政府态度呈现“审慎开放”：SEC 将部分 NFT 项目定义为证券并加强执法（如起诉 Lindsay Lohan 等明星代言欺诈），但美国财政部鼓励 NFT 在版权保护和文化遗产数字化中的应用。行业痛点在于监管模糊性，约 60% 平台因合规成本高而限制美国用户访问。

Coinbase NFT 依托 Coinbase 生态，支持一键跨链交易，手续费低至 1.5%。2025 年推出“创作者联盟计划”，吸引超 10 万名艺术家入驻。Kraken NFT 聚焦高端收藏品，引入拍卖模式和链上确权技术，年交易额破 8 亿美元。

（三）美国游戏资产交易所

美国娱乐软件协会最新发布的《2024 美国游戏业基本事实报告》揭露了美国游戏市场的庞大规模，在 2023 年，美国游戏市场总收入达到 572 亿美元，其中内容消费达 480 亿美元，硬件消费为 66 亿美元，而周边配件消费则为 26 亿美元。目前，美国游戏资产交易仍处于早期阶段，主要通过综合性交易所（如 Binance.US、Gemini）支持 ENJ、

① 到 2028 年全球 NFT 市场规模将达到 76.36 亿美元，年复合增长率为 22.1%［EB/OL］. 亿欧，2022-06-22.

SAND 等代币交易，但缺乏专精平台，游戏资产的流动性集中于元宇宙相关代币（如 Decentraland 的 MANA）。政策层面，各州对游戏资产定义为“虚拟商品”，要求交易所遵守消费者权益保护法，导致上架审核周期长达 3~6 个月。

（1）Binance.US 支持游戏代币交易，提供质押和跨链兑换服务，但因监管限制暂停部分代币交易（如 GALA）。

（2）Gemini 主打机构级托管，为 GameFi 项目提供合规发行通道，托管资产超 200 亿美元。

二、韩国虚拟资产交易所

（一）韩国虚拟货币交易所

根据 CryptoQuant 数据，2024 年 11 月，韩国前五大 CEX——Upbit、Bithumb、Coinone、Korbit 和 GOPAX 的稳定币月总交易量约为 115 亿美元。这一数字包括 Circle 发行的 Tether（USDT）和 USDC 等稳定币的总买卖量，同时也比 2024 年初记录的约 2 万亿韩元增加了 7 倍。根据韩国金融服务委员会的报告，截至 2024 年上半年，韩国加密货币投资者数量达到 778 万人，较 2023 年下半年增长了 21%。主要的交易所情况如下。

1. Upbit 规模

韩国最大加密货币交易所 Upbit，作为全球交易量前五的平台，支持超过 190 种加密货币。2023 年底韩国注册交易所的日均加密货币交易量达到 3.6 万亿韩元（约 26 亿美元），其中 Upbit 占据了 80% 以上的市场份额，在 2024 年 3 月的加密市场高峰期间，Upbit 的日交易量飙升至 150 亿美元（约 19.7 万亿韩元），接近用户提到的 23 万亿韩元水平，其中 DOGE 和 XRP 成为主要的交易货币[①]。特点：由 Kakao 子公司 Dunamu 运营，与 Kakao Talk 深度联动，提供韩元直接交易，采用多重签名钱包和数字资产保险。管理模式：严格合规，积极响应 FSC 监管政策，2025 年计划推出稳定币交易服务。

2. Bithumb 规模

该交易所为韩国第二大交易所，公开数据显示，曾占国内比特币市场的 75.7%，日均交易量超 13000 比特币，是世界五大比特币交易所之一。特点：支持韩元和美元交易，提供 Bithumb Pay 等创新支付工具，曾因黑客攻击事件而强化安全措施。运营管理者：Bithumb Korea，其合作方涵盖了 Naver Pay 等本土知名的支付平台。

3. Coinone 规模

作为韩国第三大交易所，支持 50 多种加密货币，并以用户友好的界面和专业的工具而著称。特点：世界首个开通 ETH 对韩元的交易市场，该交易所提供保证金交易和期权服务，自主研发了 Coinone Wallet，并高度重视投资者教育。

（二）韩国 NFT 交易平台

韩国 NFT 市场依托娱乐、电竞和流行文化快速发展，2025 年交易量激增，头部平台由互联网巨头主导。主要的交易所情况如下。

1. Klip Drops（Kakao 旗下）规模

作为韩国头部数字艺术平台之一，其交易量依托 Klaytn 区块链的

---

① 美国通胀降温助推比特币大涨 韩国加密市场活跃度创历史新高［EB/OL］. 智通财经网，2025-05-16.

高吞吐量，但具体数值未公开。2024年被数字艺术企业3space Art收购后，进一步巩固了其“国内最大数字艺术平台”的地位。特点：Klip Drops以策展型画廊模式运营，专注于传统绘画、雕塑、媒体艺术等领域的数字艺术发行，并积极与传统艺术机构合作挖掘新兴艺术家。平台曾多次推出限量版联名NFT，例如，与传统画廊合作的独家数字艺术品，部分热门作品因稀缺性在短时间内售罄，符合“1分钟售罄”的描述逻辑。管理运营：以前是由Kakao的区块链子公司Ground X开发和运营的，后被3space Art收购管理。

2. Korbit NFT 2.0规模

2025年10月推出，支持以太坊、Solana等多链资产，合作清潭传媒IP转化。特点：独家处理IP衍生NFT销售，2024年冻结高风险账户以应对国际制裁。

3. Line NFT（Naver旗下）规模

平台支持8种语言，遍及180个国家及地区，兼容多种语言及法定货币支付，计划推出“都市”平台，打造虚拟经济圈。特点：发行Line Friends系列NFT，这是LINE的核心IP之一。管理运营：由Line Next子公司负责，预计2025年将纳入机构投资试点范围。

（三）韩国游戏资产交易平台

尽管韩国2023年游戏产业销售额预计同比减少近11%，游戏道具交易市场规模仍超万亿韩元，主要由综合电商和支付平台主导。主要的交易所情况如下。

1. GMarket规模

GMarket由eBay控股，是韩国最早的综合性电商平台之一，注册会员超 2000 万人，2010 年营业额就已经达到 4.7 万亿韩元，64% 韩国人口使用 GMarket，在韩国拥有大量消费者和覆盖范围广泛的优质流量，[①] 商品覆盖游戏道具、电子产品等。特点：支持虚拟货币和法币混合支付，提供折扣促销活动。

2. Tmon 规模

Tmon 是韩国最大的团购平台，主打折扣商品，涵盖游戏代币、装备及代金券。2024 年推出“Wow Big Sale”活动，800 个品牌参与，游戏类商品折扣率达 70%。特点：与本地游戏厂商合作独家预售，支持 Samsung Pay 离线支付。管理人：由 Ticket Monster 运营，2025 年接入 Payssion 多支付接口。

3. Upbit 游戏专区规模

依托 Upbit 流量，支持《传奇 4》等游戏资产与加密货币兑换。特点：提供 NFT 与游戏道具融合交易，需通过实名认证。

三、欧洲虚拟资产交易所

（一）欧洲虚拟货币交易所

欧洲作为全球虚拟资产交易的核心市场之一，Coinwired 的研究报告显示，截至 2024 年，其加密货币的交易量已占据全球总量的 37.32%，[②] 在德国、法国、英国及马耳他等地区尤为活跃。主要的交易所情况如下。

1. 币安（Binance）规模

全球最大交易所，总部位于马耳他，年现货交易量巨大，曾一度占全

① GMarket- 韩国综合购物网站介绍［EB/OL］. 零壹电商网，2024-12-14.

② 加密货币实时行情，虚拟币交易平台最新价格查询［EB/OL］. 币界网 .

球 Top15 交易所总交易量的 40%。特点：该平台支持多语言界面，并提供欧元及英镑法币交易入口，计划于 2025 年推出先进的 AI 风控系统，日均处理能力超过 50 万笔欧洲法币交易。合规：持有法国、意大利 MiCA 牌照，并升级 KYC 技术以符合欧盟反洗钱标准。

2. OKX 规模

2025 年 1 月，成为首个获得马耳他 CASP 许可证的交易所，合规团队超 500 人，在 90 多个国家开展业务，欧洲总部迁至马耳他。创新：该平台不仅支持 DeFi 代币和 NFT 资产的交易，还致力于开发前沿的跨境支付解决方案。管理模式：该平台采取了严谨的冷热钱包分离技术，并定期接受专业的网络安全审计，确保资产安全。

3. Bitstamp 规模

作为欧洲历史最为悠久的交易所（成立于 2011 年），其总部位于卢森堡，日均交易量稳定在 5 亿美元左右，在 90 多个国家开展业务。安全：95% 资产存储于冷钱包，采用 Chainalysis 监控可疑交易，未发生重大黑客事件。

4. Bitpanda 规模

其为奥地利增长最快的交易所，根据币界网报道，用户超 500 万人，支持超过 100 种代币，2024 年 Q1 营收达 1.09 亿美元。特色：主打“普惠金融”，提供零碎交易（fractional trading），降低散户投资门槛。

（二）欧洲 NFT 交易平台

根据行业分析，预计到 2025 年，欧洲 NFT 市场的交易规模将显著增长，达到 84.5 亿美元，其中艺术品、体育和元宇宙 IP 将成为主要的增长驱动力。MiCA 将部分 NFT 归类为“非金融工具”，但不绝对，根据具体用途而定，比如具备证券特征的 NFT 仍可能纳入监管。头部平台多采用多链架构（如以太坊 +Polygon）以降低能耗和手续费。

1. OpenSea 规模

根据市场分析，全球最大的 NFT 平台，该平台在欧洲拥有显著的用户基础。争议：因未完全过滤侵权内容，2024 年被法国法院判赔 120 万欧元，这一判决与爱马仕胜诉 NFT 艺术家侵权赔偿 13.3 万美元以及 Orange 因未遵守 GPL 许可证被判赔 500 万元的案例类似，凸显了知识产权保护的重要性。

2. Nifty Gateway（Gemini 旗下）定位

Nifty Gateway 是由 Gemini 交易所支持的高端 NFT 交易平台，除了支持加密货币支付外，还提供法币入金渠道，用户可通过信用卡购买 NFT。该平台引入了 Beeple、FEWOCiOUS、Jones 等重量级加密艺术家，会与名人合作发行独家 NFT。运营模式独特：该平台采用了创新的“托管式钱包”模式，有效降低了私钥管理的风险，尽管这在一定程度上牺牲了去中心化的特性。

3. Binance NFT 创新

2025 年推出“动态 NFT”，可随外部数据（如体育赛事结果）自动更新元数据，手续费仅 1%。

（三）欧洲游戏资产交易平台

根据欧洲游戏市场概况，预计到 2025 年，以区块链游戏（如 Axie Infinity）和虚拟道具交易为主的欧洲游戏资产交易市场规模将达到约 38 亿欧元。欧盟要求游戏内资产需明确所有权归属，禁止“Pay-to-Win”模式诱导赌博。

1. Axie Marketplace 规模

链游 Axie Infinity 专属平台，根据 coingecko 数据，2025 年日均交易量接近 4000 万美元，用户主要来自东欧。因收益机制受监管关注，2024 年被要求增设“每日收益上限”。

2. Sorare 定位明确

专注于足球领域的 NFT 卡牌平台，荣耀加持——巴黎圣日耳曼与皇家马德里双授权，公开数据显示，在 2021 年 9 月 Sorare 完成 B 轮融资后估值达到 43 亿美元，赛季奖金池亦颇为丰厚，超过 1 亿欧元。合规：英国博彩委员会自 2021 年以来一直在调查 Sorare 是否构成赌博，2024 年有报道称英国博彩委员会计划起诉 Sorare 提供未经许可的赌博设施。

3. Enjin Marketplace 技术

基于 Enjin Beam 实现二维码快速转移道具，能耗比传统 NFT 低得多，通过荷兰央行反洗钱审计。

四、中国香港地区虚拟资产交易所

（一）香港虚拟货币交易所

中国香港地区自 2023 年 6 月起，正式推行虚拟资产服务商（VASP）发牌制度，由严谨的香港证监会（SFC）实施监管。该制度要求所有交易所必须持牌运营，初期仅服务于专业投资者，而后逐步放宽政策，允许散户参与部分代币交易。自中国香港地区 VASP 牌照制度实施以来，首批获得牌照的交易所包括 OSL 和 HashKey Exchange，此后陆续有其他机构获批或在申请，中国香港市场以机构投资者为主。

1. HashKey Exchange 规模

作为中国香港地区最大的持牌虚拟资产交易所，其在全球交易所排名位列前 8，总交易量已突破 5000 亿港元，用户资产超过 50 亿港元。日均交易量达到 6.38 亿美元，支持包括 BTC、ETH 在内的多种加密货币及合规稳定币。特点：首创“机构 + 零售”混合账户体系，提供法币（港币 / 美元）出入金和质押借贷服务，采用冷热钱包分离技术。管理者介绍：CEO 肖风，身为万向区块链的创始人，领导团队；合规团队则汇聚了来自高盛及香港金管局的专业人士。合规：2023 年 9 月，获得了香港证券及期货事务监察委员会（SFC）颁发的第三类牌照，标志着在全球战略布局中迈出了坚实的一步。资金托管由渣打银行负责，确保了资金的安全和透明。

2. OSL Digital Securities 规模

作为港股 BC 科技集团旗下的首家上市交易所，其机构客户占比高达 80%，托管资产总额更是超过了 50 亿美元。模式：专注证券型代币（STO）和机构 OTC 交易，提供合规衍生品（如 BTC 期货）。2024 年，该交易所被新加坡 BC 科技集团以高达 11 亿港元的价格收购，并计划借此机会进一步扩展至东南亚市场。

3. Bybit（未持牌但活跃）

总部迁至迪拜，但香港用户仍可通过 VPN 访问，日均交易量超 20 亿美元。因未申请香港牌照，2024 年被 SFC 列入警示名单，禁止本地 IP 访问。

（二）香港 NFT 交易平台

香港 NFT 交易规模较小（2024 年约为 2.1 亿美元），但依托粤港澳大湾区政策，重点发展艺术和金融结合型 NFT。中国香港特区政府通过《虚拟资产宣言》鼓励合规平台，要求发行方披露智能合约代码并接受

SFC 审查。

1. Gate.HK NFT 专区定位

Gate 交易所香港子平台，支持多链（以太坊、Polygon）NFT 交易，手续费为 0.5%。特色亮点：携手香港故宫文化博物馆，共同推出数字文物 NFT，创新性地融合“盲盒 + 拍卖”双模式。

2. The Sandbox（元宇宙项目）规模

香港本土元宇宙龙头，土地 NFT 总市值超过 8 亿美元，其中郑志刚等地产商参与了 The Sandbox 等元宇宙游戏的开发和投资。模式：用户可购买虚拟土地并创建交互式内容，代币 SAND 市值排名位列全球前 100。

3. Animoca Brands 生态布局

旗下拥有 TinyTap（专注教育 NFT）和 REVV（赛车游戏 NFT）等平台，整体估值近 60 亿美元。资本：获淡马锡、腾讯投资，创始人萧逸为香港 Web3 代表人物。

（三）香港游戏资产交易平台

香港游戏资产交易以区块链游戏和虚拟地产为主，中国香港特区政府允许游戏内代币与合规交易所挂钩，但禁止赌博性质的玩法。

1. Gala Games 香港节点规模

全球链游平台 Gala 的亚洲枢纽，支持“Town Star”等游戏资产交易，日均交易量超 500 万美元。采用 GalaChain 侧链，降低 Gas 费并提升交易速度。

2. Axie Infinity 香港社区本地化

东欧玩家因监管撤离后，香港成为亚洲主要交易节点，AXS 代币可通过 HashKey 兑换港币。合规：需绑定持牌交易所账户，禁止场外 P2P 交易。

政策支持：中国香港特区政府资助的“MetaTimes”等元宇宙游戏，资产可在 OSL 平台合规交易。如虚拟赛马游戏“Derby Stars”NFT 地块最高成交价达 12 万港元。

第三节 虚拟资产评估

虚拟资产价值评估因技术属性、市场流动性、法律地位和监管环境差异而呈现高度复杂性。随着全球虚拟资产市场规模的扩大，建立科学的评估体系成为市场规范化的关键。当前，国内尚未出台关于虚拟资产评估的相关制度和指导意见。2023 年 9 月，中国资产评估协会发布《数据资产评估指导意见》（以下简称《指导意见》），这是我国首部针对数据资产评估的规范性文件，旨在推动数据资产化进程，规范评估行为。《指导意见》的出台填补了我国数据资产评估的制度空白，通过规范评估流程、方法及披露要求，为数据资产入表、交易和融资提供了实操依据。本书认为，《指导意见》中相关规定对于虚拟资产评估具有一定借鉴意义。下面从基本原则、信息披露、评估对象、评估程序及评估方法五个方面梳理其核心内容。

一、评估的基本原则

（一）客观性与真实性

评估需基于客观事实，确保数据来源真实可靠，避免主观臆断或虚假信息影响结果。

（二）合规性与合法性

评估机构和人员需严格遵守相关法律法规（如《中华人民共和国数据安全法》），确保数据资产的权属合法，评估过程符合监管要求。

（三）专业独立性

评估人员应独立形成专业意见，避免利益冲突，保持职业判断的独立性。

（四）质量导向

强调数据质量评价的重要性，包括准确性、一致性、完整性、规范性、时效性和可访问性等维度，作为价值判断的基础。

二、信息披露

（一）披露内容

披露内容主要有：评估目的、基准日及价值类型；数据资产的基本属性、权属及质量评价结果；评估方法、假设及参数选择依据；风险提示与合规声明。

（二）披露要求

披露要求主要有：报告需清晰完整，确保使用者能正确理解评估结论，避免误导性陈述。对于数据资产的特殊性（如场景依赖性），需详细说明应用限制。

三、评估对象

（一）定义与范围

数据资产指特定主体合法拥有或控制、可货币计量且能带来经济利益的数据资源，包括内部价值评估、外部价值评估及财务会计评估等场景。

（二）核心属性

信息属性：数据的类型、规模、结构及元数据标准等。

法律属性：数据资源持有权、加工使用权、产品经营权等分置产权。

价值属性：数据在不同应用场景下的价值潜力。

（三）权属与合规要求

需关注数据来源合法性、授权范围及隐私保护等合规风险。

四、评估程序

（一）评估准备

明确评估目的、范围及基准日，制定评估计划并确认数据资产的权利证明。

（二）信息收集与处理

通过委托人提供或自主收集数据资产的基本信息（如生成方式、应用场景、成本结构等），进行清洗、分类和标准化处理。

（三）价值分析与模型构建

根据数据特征选择评估方法，结合质量、成本、市场及场景因素调整参数。

（四）报告编制与审核

形成包含评估结论、方法说明及风险提示的资产评估报告，并通过内部审核确保合规。

五、评估方法

（一）收益法

预测数据资产未来产生的收益（如直接收益、分成收益或增量收益），通过折现计算现值。适用于数据交易活跃或收益可量化的场景。

（二）成本法

基于数据采集、存储、加工等历史成本，结合数据质量调整系数估算价值。适用于成本可追溯且数据未大规模商业化的情况。

（三）市场法

参考类似数据资产的交易价格，通过供求关系、容量调整等系数修正差异。需依赖成熟的数据交易市场。

（四）综合应用

鼓励采用多种方法交叉验证，需分析不同方法的结果差异并说明最终选择的理由。

六、虚拟资产评估探索实践

（一）场景一：收益法

尹某等起诉赵某合伙合同纠纷案。

1. 案情介绍

2016 年 1 月，尹某、袁某、张某和赵某口头达成一致意见，约定以赵某名义申请注册 Z 微信公众号，四人合伙运营，通过撰写软文或好物笔记的方式为品牌推广营销，以获取广告收入。自 2016 年 7 月盈利以来，该微信公众号的年收入达 300 余万元。但自 2017 年 7 月起，赵某擅自更改账户密码，并扣留收入，导致该微信公众号无法正常运营，各方为此发生争议。尹某、袁某、张某遂诉至法院，请求判令：Z 微信公众号由赵某继续运营，赵某按该微信公众号的价值折价补偿尹某、袁某、张某各 100 万元，并依法分割该微信公众号的所有经营所得。

被告赵某辩称：各方不存在合伙关系，无须分配经营所得。Z 微信公众号由赵某申请、注册并享有使用权。尹某、袁某、张某虽然在文章撰写、发稿上与赵某有合作，但不能据此认定各方共同享有该微信公众号。微信公众号是个人向公众发布信息的账号，没有商业属性，虽然实践中有主体以此获取商业利益，但前述行为违反了平台协议。微信公众号的价值具有不确定性，不应确认微信公众号的价值并进行分配。即便 Z 微信公众号具有价值，亦应按照 2018 年 6 月 13 日的价值计算折价补偿款，2017 年 7 月产生纠纷至 2018 年 6 月期间各方行为造成的 Z 微信公众号价值降低不应在折价补偿款中考虑。

法院经审理查明：2016 年 1 月，尹某、袁某、张某和赵某以微信群聊的方式商定共同设立 Z 微信公众号，并共同讨论确定微信公众号 LOGO、收入分配方式等。随后赵某以个人名义申请注册 Z 微信公众号，并开立银行账户作为公共账户，申请公共邮箱作为文章发布审核、业务运营的沟通平台。Z 微信公众号分别以四人名字设立专栏，内容则以四人分别或合署发表文章的形式呈现。四人与广告商确定品牌合作、费用支付等事项后，通过撰写软文或好物笔记的方式为品牌推广营销，以获取广告收入。自 2016 年 7 月至 2017 年 7 月，Z 微信公众号收入 300 余万元，四人已就部分收入进行分配。2017 年 7 月，因各方发生分歧，赵某修改账户密码，未再继续分配收入。自 2017 年 7 月 13 日起，尹某、袁某、张某未再参与 Z 微信公众号的运营，该微信公众号暂停更新，直至 2017 年 12 月 24 日赵某恢复更新。2017 年 7 月 13 日，Z 微信公众号粉丝数量为 94700；2018 年 6 月 13 日，Z 微信公众号粉丝数量为 83790。

2017 年 11 月 6 日，尹某、袁某、张某曾向山东省青岛市市北区人民法院提起诉讼后申请行为保全。该法院裁定赵某停止对 Z 微信公众号的全部修改、删除、发布信息、迁移等使用权限。2018 年 6 月 29 日，深圳市腾讯计算机系统有限公司（以下简称腾讯公司）对 Z 微信公众号进行了封号。2018 年 7 月 5 日，山东省青岛市市北区人民法院裁定解除保全措施。腾讯公司收到裁定书后将 Z 微信公众号解封。

2. 评估情况

首先，Z 微信公众号具有独立性。微信公众号是个人或企业在微信公众平台上申请的应用账号，设立之初仅是一组数据。后因设置账号名称，确立账号主体，具有了区别于其他网络资源或现实财产的独立性。本案中，Z 微信公众号有自己的标识、栏目架构以及运营理念、文化，既区别于网络运营商提供的运行环境、微信公众平台提供的运营平台，也与其他网络用户的资源相区别，具有独立性。

其次，原被告对 Z 微信公众号具有支配性。微信公众号虽然存在于虚拟的网络空间中，但可以通过对账号设置密码来控制微信公众号的运营，防止他人对微信公众号上的资料进行修改、增删。本案中，尹某、袁某、张某和赵某通过密码进入 Z 微信公众号后台，发表文章、回复评论，对 Z 微信公众号进行管理，具有支配性。

最后，Z 微信公众号具有财产的价值属性。从运营实际看，本案涉及的各方投入大量时间、精力，对Z微信公众号产生了劳动价值。从经营方式看，本案当事人通过Z微信公众号发布引人关注的内容，吸引了一定数量的粉丝关注而具有了传播力、影响力，进而为广告商带来购买力和宣传力，具有广告投放价值。从盈利模式看，随着平台功能的深入开发，微信公众号不再局限于单一承载、发布信息的传统自媒体形式，功能得以不断拓展，集多种盈利模式于一体。本案中，当事人通过Z微信公众号发表软文或撰写好物笔记宣传商品，以获取广告收入、导流收入，具有商业盈利价值。

因此，微信公众号是具有独立性、支配性、价值性的网络虚拟资产。

Z微信公众号的价值是尹某、袁某、张某和赵某合伙经营期间累计的资产，属于合伙财产的范畴，在合伙关系终止时应予以分割。关于Z微信公众号的价值，评估机构采用收益法，即根据以往盈利情况，假设仍按照原状态继续经营，估测未来预期收益的现值，确定至2017年7月13日发生争议时的市场价值为400万元。考虑到自评估时点2017年7月13日至2018年6月13日合伙关系终止期间，微信公众号的持续运营状态、传播力和影响力、智力和劳动成本的投入等因素均已发生变化，因此应当综合考量以上因素后确定Z微信公众号的最终价值。具体分析如下：

其一，Z微信公众号的运营状态间断导致未来发展趋势不明。Z微信公众号自2016年1月起运营，2016年7月开始盈利至2017年7月期间收入300余万元。2017年7月13日本案各方之间发生争议后，Z微信公众号停止更新，直至2017年12月24日恢复，其间该微信公众号的收入减少，商业盈利价值受损。其二，Z微信公众号的影响力和传播力降低导致广告投放价值降低。原被告于2017年11月6日涉讼，2018年6月29

日至2018年7月5日期间遭遇封号，粉丝数量由2017年7月13日发生争议时的94700，降至2018年6月13日合伙关系终止时的83790，为广告商带来了购买力和宣传力的下降。其三，Z微信公众号运营主体减少导致劳动价值减少。微信公众号的价值除取决于一般资产评估时考虑的客观因素外，还依赖于运营方投入的智力和劳动成本。本案各方合伙关系终止后运营主体由四人变更为一人，带来劳动成本增加，导致相应的劳动价值减少。综上，法院酌定Z微信公众号至本案各方合伙关系终止，2018年6月13日时的价值为340万元。鉴于本案各方均同意该微信公众号由赵某继续运营，赵某需相应折价补偿尹某、袁某、张某各85万元。

3. 最终评估结果和判决

本案审理中经当事人申请，法院依法委托上海某资产评估有限公司出具《资产价值分析报告》，采取收益法进行评估，认定Z微信公众号使用权在价值分析基准日的市场价值为400万元。

上海市静安区人民法院作出民事判决，Z微信公众号由赵某继续运营，赵某折价补偿尹某、袁某、张某各85万元；对已有收入进行分配，由赵某支付尹某、袁某、张某撰稿费、导流费、招商费、平台收入以及分红款等（具体金额略）。一审宣判后，赵某不服，以未签订合伙协议及微信公众号使用权属仅属于初始注册主体、收益及折价补偿分配不公等理由提起上诉。上海市第二中级人民法院终审判决：驳回上诉，维持原判。

4. 相关启示

微信公众号是具有独立性、支配性、价值性的网络虚拟资产。微信公众号作为合伙运营的对象，其价值在合伙关系终止时应予以分割。微信公众号的价值在通过收益法评估资产价值的基础上，还需结合网络虚拟资产自身特点，综合考量微信公众号的持续运营状态、影响力和传播力的变化、与智力和劳动成本的依赖程度等影响因素后合理确定。

（二）场景二：成本法

玩家出售游戏武器案例。

1. 介绍

玩家小李拟出售一件顶级游戏武器，委托评估机构进行价值评估。评估机构主要采用成本法，结合市场法修正得出结论。

2. 评估情况

获取成本核定：

时间投入：小李通过200小时游戏时间获得该武器，按其时间成本（含电费、网费、机会成本）折算为每小时5元，总计1000元。

货币消耗：武器强化过程中消耗游戏金币8135元（等值人民币500元，按游戏内汇率1元=16.27金币）。

折旧计算：

更新周期：武器已使用6个月，按每月10%的折旧率，累计折旧额为 $1500\times(1-10\%)^6\approx811.5$（元），剩余价值688.5元。游戏更新后新武器攻击力提升5%，导致原武器价值下降15%，调整后价值为 $688.5\times(1-15\%)=585.2$（元）。

市场对比修正：

评估机构查询交易平台，发现同类武器近期成交价为600~700元，因小李的武器外观独特，最终按市场法上调10%，确定成本法估值为：$585.2\times(1+10\%)=643.72$（元）。

3. 最终评估结果

按照市场法修正后，最终确定估值为643.72元。此案例表明，成本法在量化历史投入方面具有独特优势，但需结合市场动态调整。

4. 相关启示

成本法是一种测算资产在评估基准日的重置成本扣减相关的折旧之后的评估方法，看似对于虚拟资产的评估中实用性最小，但是对于一些特定的虚拟资产，如是产权持有单位自行开发的，在市场上具有唯一性，且不具备盈利能力的虚拟资产，可以通过测算开发虚拟资产过程中发生的必要成本的加总来评估虚拟资产的价值。

（三）场景三：市场法

张某与曹某网络侵害虚拟资产纠纷案。

1. 案情介绍

2020 年 8 月、9 月，张某要求曹某登录张某的 A 游戏账户代为完成一系列游戏任务，并将 QQ 账号密码告知曹某用以登录该游戏。2020 年 10 月 22 日，张某收到游戏公司发出的 3 条手机短信，得知其游戏账户于当日转出了 44 种虚拟资产，包括“铜币”2081170000 个及“冰冻不灭真气石 27 段箱子”“雷神星石”“雪峰珠”等 43 种道具，而其当日并未登录该账户。同日，曹某注销了此前与张某联系的 QQ 账号，后又将 A 游戏账户转让给了案外人宋某。

张某起诉至法院，请求法院判令曹某赔偿张某虚拟资产价值损失 31678.4 元。

2. 评估情况

案件审理的难点是上述被擅自转移的虚拟资产的价值。关于上述虚拟资产的价值，法院向多家评估机构进行了询问，评估机构均表示只能评估相应虚拟资产现在的价值，不能评估当时的价值。张某坚持要求按照案涉虚拟资产被盗时的价值确定其损失，并明确不申请评估机构进行评估鉴定，请求法院酌情确定。

关于由游戏平台确定价值的路径。A 游戏的运营企业游戏公司向法院复函称，在该游戏中，玩家可在官方渠道充值点券，并使用点券在游戏官方商城兑换部分虚拟道具；该游戏允许玩家在游戏内对虚拟道具进行转移，转移时是否交换其他虚拟道具、交换数量多少由玩家自行决定，故无法提供确定某种虚拟道具具体价值的方法；金币的单位包括金、银、铜，固定转换比例为 1 金 =100 银，1 银 =100 铜；游戏点券、金币、其他虚拟道具都不可通过官方渠道反向兑换为人民币。

关于由购买成本确定价值的路径。张某及其女友杨某于 2020 年 10 月 7 日至 2020 年 10 月 30 日期间在某游戏服务网站购买并充值了若干游戏币，根据其在此期间的 26 次购买记录计算，上述时间段人民币与“金币”的平均兑换比例为 1 元 =16.27“金币”。张某陈述，上述时间段购买的游戏币换取的虚拟资产与案涉被盗的虚拟资产并非完全对应，但有交叉关系，具体对应关系因时间久远、虚拟资产数量多，已经难以提供。

关于从市场交易价格确定价值的路径。某游戏服务网站是 A 游戏虚拟资产交易用户较多、交易规模较大的网络虚拟资产交易平台。该网站向法院提供了 2021 年 10 月 17 日至 2021 年 10 月 21 日期间 A 游戏的游戏币交易情况，并表示更早的数据无法提供。该交易情况显示，100 元人民币可购买 A 游戏“金币”数为 1328“金币”至 1420“金币”不等。

“拍卖行”是 A 游戏提供的游戏内虚拟物品交易平台，玩家的购买方式有两种即投标（竞拍模式）或立即购买（一口价）。在竞拍模式中，到截止时间投标价格最高的买家会得到物品。张某提交了 2020 年 10 月 27 日 A 游戏内与部分案涉虚拟物品相关的“拍卖行”截图，主张按当日该虚拟物品的最低成交价计算被盗物品价值。

3. 最终评估结果和判决

本案中，鉴于A游戏的网络平台表示允许玩家自行交换道具且交换价值由玩家自行确定，且张某表示其无法准确提供每一种道具的购买成本，而张某提供了A游戏内2020年10月27日的“游戏拍卖行界面截图”，显示了“拍卖行”这一游戏内公允、公开的虚拟资产交易市场中被盗虚拟物品接近被盗日期的实际交换价格，同意以当日该虚拟物品的最低成交价计算虚拟资产价值，故法院对张某关于参考2020年10月27日相关虚拟资产市场交易最低价格确定其损失，即采用市场法确定案涉被盗虚拟资产价值的主张予以采纳。据此计算，张某主张被盗并举证证明其的虚拟资产总价值为509654.5988“金币”，按照2020年10月7日至2020年10月30日期间人民币与“金币”的平均兑换比例1元=16.27“金币”计算，以上“金币”在被盗时的价值为31324.81元。

广州互联网法院作出民事判决：（1）曹某于本判决发生法律效力之日起十日内向张某赔偿财产损失31324.81元；（2）驳回张某的其他诉讼请求。

4. 相关启示

市场法因其灵活、明确、适用性广的特点，在确定虚拟资产价值方面具有更为广泛的应用空间。在司法机关和有关部门的实践中，市场法已获得比较普遍的运用和认可。国家发展改革委价格认证中心在《关于对网络游戏虚拟财产价格鉴定请示的复函》中，对于涉及财产价值鉴定曾表示：“如果在网络上有交易，且该交易不违法，可采用市场比较法进行价格鉴定”。

如不能满足运用市场法的前提条件，则可以考虑通过成本法进行计算，如以游戏开发商、运营商根据同样游戏水平的游戏者，获得此游戏装备所付出的劳动时间价值计算，又如对网络店铺等经营用途的虚拟资产，如市场价格不明确，可以综合采用成本法和收益法予以评估计算。

（四）场景四：评估方法综合应用

1. 案例一

玩家王某拟出售其拥有的《原神》五星武器“雾切之回光”，委托机构进行价值评估。该武器因高攻击力与特殊元素加成属性，在游戏中极具稀缺性。机构采用以下三种方法综合定价。

（1）成本法核算历史投入。

时间成本：王某通过参与游戏内限时活动“神铸赋形”抽卡获得该武器，累计消耗原石 3.2 万颗。按每日游戏时间 4 小时（含日常任务、副本挑战）及每小时时间成本 8 元计算，时间投入折合人民币约为 1280 元。

货币成本：3.2 万颗原石中，1.6 万颗通过充值获得（充值比例 1 元 =10 颗原石），对应货币成本 1600 元；剩余 1.6 万颗通过游戏内任务积累，按市场交易价折算约 800 元。

总成本：时间成本 1280 元 + 货币成本 2400 元 =3680（元）。

功能性贬值：因游戏版本更新，新武器“波乱月白经津”上线，“雾切之回光”的独家优势削弱，评估机构按 15% 比例扣减价值，调整后成本法估值为 3680 ×（1–15%）=3128（元）。

（2）市场法对比交易数据。

评估机构查询交易猫、闲鱼等平台，发现近三个月内同类武器成交价波动于 2800~3500 元之间。

选取三笔近期交易案例：

案例 A：满精炼“雾切之回光”，附带角色“神里绫华”，成交价为 3500 元；

案例 B：单精炼武器，无角色绑定，成交价为 2800 元；

案例 C：武器 + 配套圣遗物套装，成交价为 3200 元。

综合考虑王某的武器为单精炼且无绑定角色，以案例 B 为基准，结合武器外观评分（王某武器外观完整度为 95%，案例 B 为 90%），上浮 5% 至 2940 元。

（3）收益法预测未来现金流。

一是确定有限收益期。强势期，根据米哈游更新节奏，五星武器主流周期约 12~18 个月（参考“磐岩结绿”“飞雷之弦振”贬值曲线）。残值期，版本淘汰后可能转为收藏品，产生低额残值收益（如 5~10 元 / 月）。

二是分阶段预测现金流。阶段一在 0~12 个月，是强势期，月租金 = 20 元 × 出租率（参考平台数据取 60%）× 可出租天数（20 天）=240（元 / 月）。年收益 =240 × 12=2880（元）。注：第 6 个月起因新武器上线，月租金下降 30% 至 168 元。阶段二在 13~24 个月，是残值期，月租金 = 10 元 × 出租率 30% × 出租天数 10 天 =30（元 / 月）。年收益 =30 × 12=360（元）。阶段三在 24 个月后，价值归零（游戏停运或完全淘汰）。

三是折现率与风险调整。折现率：取 18%（无风险利率、风险报酬率）。

四是有限期收益法计算，使用：$PV=CF_t\times[1-1/(1+r)^t]/r$。第 1 年现金流现值：$2880/[1-1/(1+18\%)^1]/18\%\approx 2448$（元）；第 2 年现金流现值：$360/[1-1/(1+18\%)^2]/18\%\approx 230.04$（元），总现值 = 2678.04（元）。

综合评估结果：成本法 3128 元、市场法 2940 元、收益法 2678.04

元。三种评估方法计算结果相差不多，运用加权平均值方法计算结果约为 2970 元。

2. 案例二

在财产分割纠纷中，法院委托机构对当事人共有的《王者荣耀》账号进行估值。该账号拥有全英雄、300 款皮肤（含多款限定传说皮肤）、巅峰赛排名前 1000 名等稀缺属性。机构结合三种方法出具报告。

（1）成本法核算累积投入。

直接充值：账号累计充值 12 万元（主要用于购买皮肤、战令等），按游戏内点券消费记录核算。

时间成本：账号持有者日均游戏时间 5 小时，历时 4 年，按每小时时间成本 10 元计算，总计 73000 元。

总成本：120000+73000=193000（元）。

经济性贬值：因游戏用户年龄结构变化，账号对年轻玩家的吸引力下降，评估机构按每年 5% 比例扣减价值，累计贬值 20%，调整后成本法估值为 193000×（1−20%）=154400（元）。

（2）市场法对比交易案例。

评估机构调查淘手游、5173 等平台，发现同类账号成交价波动于 8 万 ~15 万元之间。

选取两笔近期交易案例：

案例 D：全英雄、200 款皮肤、巅峰赛排名前 500，成交价 15 万元；

案例 E：全英雄、150 款皮肤、无排名，成交价 8 万元。

本案账号皮肤数量（300 款）较案例 D 多 50%，但排名略低（前 1000 vs 前 500），综合评估后确定市场法估值为 13.5 万元。

（3）收益法预测账号收益。

账号可通过直播、代练等方式产生收益。参考斗鱼等平台的数据，测算月均收益为：直播打赏（3000~5000 元）+ 代练（600 元），取保守值 3500 元。收益期方面，MOBA 类头部游戏剩余经济寿命一般为 5 年的话，折现率结合无风险利率、平台分成风险、政策风险，年化设置为 37.5%。根据有限年金公式测算为 91840 元。

综合评估结果：

这里，成本法 154400 元、市场法 135000 元、收益法 91840 元。所以综合分析下，市场法由于存在可比交易、直接反映供需关系，所以定为核心方法，成本法佐证价值下限，收益法预测风险过高不予采用，所以最终测算确定账号价值为 148580 元。

七、国际评估探索

（一）欧美地区

欧盟 MiCA（加密资产市场条例）：2024 年全面实施，要求发行方披露技术白皮书、风险评估及治理结构，评估需基于透明度和合规性。典型案例包括英国税务海关总署在 2022 年首次没收 NFT 资产（价值 140 万英镑诈骗案），通过链上数据追踪和市场价格比对确定资产价值。

评估重点：流动性风险、智能合约安全性、市场操纵可能性。

美国证券交易委员会（SEC）：以“豪威测试”判定代币是否属于证券，证券类代币需遵循传统金融资产评估标准（如 DCF 模型、市场比较法）。例如，2025 年西南政法大学朱建华教授提出的“阶梯式犯罪数额认定规则”（购入价、销赃价、市场价顺序适用），已被美国部分州法院采纳用于虚拟货币案件。

（二）中东与亚洲

阿联酋（迪拜）：推行“自由区+牌照”模式，允许机构投资者参与衍生品交易，评估需结合沙盒测试结果与伊斯兰金融原则。

新加坡：MAS（金融管理局）要求稳定币发行方以 1∶1 储备资产背书，评估需审计储备资金透明度及托管安全性。

（三）国际评估方法共性

市场法：主流加密货币（如 BTC、ETH）以交易所实时报价为基准。

收益法：DeFi 协议质押收益、游戏资产租赁收入等适用 DCF 模型。例如，英国 NFT 没收案中，法院参考了同类 NFT 在 OpenSea 等平台的交易均价。

成本法：NFT 创作成本（如艺术家工时、版权费用）结合稀缺性调整。

第四节　虚拟资产会计入账

一、虚拟资产的会计分类挑战

目前，从国际主流观点来看，由于各国社会经济发展水平和加密资产发展情况的差异，对加密资产的态度及会计处理方式存在显著不同。总体而言，加密资产的会计处理主要基于现有会计理论框架，提供原则性指引，同时辅以对理论框架的适当调整。国际争议主要在于是否属于“金融工具”（IFRS 9）、“无形资产”（IAS 38）或“存货”（IAS 2）。

（一）国际会计准则委员会的观点

2019 年，国际会计准则理事会（IASB）在其发布的相关文件中，对加密资产的会计分类与后续计量作出了明确阐述。在初始确认阶段，IASB 指出加密资产既不属于金融资产，也不被视为现金及其等价物。其分类将依据企业的持有目的而定，具体可被划分为存货或无形资产两类。在后续计量方面，若加密资产被确认为存货，企业应遵循成本与可变现净值孰低的原则进行计量，以确保存货价值的准确性。若被确认为无形资产，则应按照使用寿命不确定的无形资产进行处理，这意味着其摊销期限并非固定，且企业需定期评估并确认是否存在减值损失，以反映无形资产价值的实际变动情况。

（二）美国会计准则委员会的观点

2023 年 3 月，美国会计准则委员会（FASB）对外公布了针对加密资产会计核算与信息披露的征求意见稿。在此征求意见稿中，FASB 明确指出，符合特定标准的加密资产（诸如比特币、以太坊等）应归类为使用寿命不受限的无形资产类别。关于后续计量，FASB 对加密资产的计量方法进行了调整，由原先的减值测试转变为按公允价值进行计量。这意味着，加密资产的公允价值变动将直接影响公司的当期损益。此外，FASB 还进一步提出建议，要求企业在其财务报表中详尽披露所持有的重要加密资产信息，具体包括加密资产的名称、原始成本、当前的公允价值以及持有数量。这一举措旨在增强企业财务信息的透明度和可比性，帮助投资者和利益相关者更好地理解企业加密资产的价值与风险。

（三）日本会计准则委员会的观点

2018 年 3 月，日本会计准则委员会（ASBJ）在其第 38 号实务报告书中，针对《支付服务法》框架下加密资产的会计处理提出了具体指导意见。ASBJ 对于加密资产的会计分类与处理原则明确如下。首先，在初始确认阶段，ASBJ 指出加密资产并不归属于金融资产、存货或无形资产等传统会计分类之中。因此，对于加密资产的处理，ASBJ 不建议直接套用现有的会计准则。相反，它提议将加密资产视为一种特殊资产类型，并为此制定专门的会计处理规定。其次，在后续计量方面，ASBJ 根据市场活跃性的不同提出了两种处理方案。对于存在活跃市场的加密资产，ASBJ 认为应以公允价值进行计量，并将公允价值与账面价值之间的差额计入损益。而对于不存在活跃市场的加密资产，ASBJ 则建议以其取得成本作为后续计量的基础。

（四）其他国家的观点

白俄罗斯在其财政部发布的准则中，则将加密资产归类为货物或产成品。韩国方面表示，目前建议将加密资产视为流动资产，并正在积极探讨将持有期超过一年的部分重新分类为非流动资产的可能性，以更灵活地反映其长期投资价值。而在澳大利亚，澳大利亚会计准则委员会则将加密资产纳入无形资产和商品的范畴，反映出该国在会计实践中对加密资产双重性质的认可。

二、国际会计准则（IFRS）下的处理框架

（一）IFRS 9：金融工具

适用条件：部分支持者认为，之所以定为金融资产是因为加密资产价

格波动大而且存在公开报价。比如特斯拉2021年购买15亿美元比特币，按FVTPL计量，季度波动直接影响利润表。

分类条件：若以交易为目的（如投机性持币），可能归类为“以公允价值计量且变动计入损益”。

局限性：由于加密资产并非合同本身，持有人与各参与方无直接合同关系，这将构成其作为金融资产处理的障碍。同时，由于加密资产交易不受独立金融系统监管，与传统金融资产交易模式不同，因此难以完全符合金融资产的定义和计量要求，所以将加密资产作为金融资产进行会计处理也备受争议。

（二）IAS 38：无形资产

适用条件：虚拟资产需满足“可辨认性”和“未来经济利益”标准。目前将虚拟资产视为无形资产进行会计处理是较为普遍的做法，适用于大多数虚拟加密资产，如比特币、以太坊等。

计量方式：初始成本方面，一般按照购买价+直接交易费用（如矿工费）。后续计量方面，一般按照成本模式（需减值测试）或重估模式（需活跃市场支持）。

局限性：难以反映公允价值波动，对交易性资产不适用。

（三）IAS 2：存货

适用条件：企业日常活动中持有的加密资产，如果以出售为目的，可以视为存货，比如游戏公司持有的可销售虚拟道具（如魔兽世界金币）。还有以“挖矿”为主的企业，“挖矿”完成即可转出的加密资产或者可以被确认为存货。

计量方式：存货一般应该按照成本初始计量，并按照成本与可变现净值较低者进行后续计量。

局限性：其缺点体现在加密资产的市价信息在活跃市场中更具参考价值，历史成本法无法充分反映其风险与价值，因此存货计量方法对其的适用性有限。对于旨在交易以赚取差价的加密资产，其是否满足存货定义则存在争议。与零售商品不同，若此类资产用于投机，则不符合存货定义。所以将加密资产作为存货进行会计处理的方式较少采用。

三、中国香港地区的实践

（一）监管框架

合规持牌：香港证监会于 2023 年允许零售投资者交易合规虚拟资产（如 BTC、ETH）。

财务报告准则：HKFRS 与 IFRS 趋同，但强调更严格的风险披露。

（二）会计处理指引

金融资产（HKFRS 9）：持牌交易所持有的交易性虚拟货币按 FVTPL 计量。

无形资产（HKAS 38）：长期持有的 NFT（如数字艺术品）适用成本模式。

税务联动：买卖虚拟资产利得需缴纳利得税，影响计税基础调整。

四、中国的探索

（一）政策背景

合法性限制：中国人民银行等十部门 2021 年明确虚拟货币相关业务

属于非法金融活动。

会计处理影响：企业持有虚拟货币资产可能无法合规入表，需披露或有风险。

（二）现行会计准则的适用性

无形资产（CAS 6）：若企业通过合法途径获取NFT（如数字版权），可按成本入账。

存货（CAS 1）：游戏公司自研道具可计入存货，按历史成本计量。

表外披露：需在附注中说明持有目的、数量及市场风险。

（三）实务案例

腾讯《王者荣耀》：游戏皮肤开发成本计入存货，收入按玩家消耗确认。

上市公司风险提示：美图公司2021年购买加密货币后，财报附注强调政策风险。

五、虚拟资产入账的核心程序与方法

（一）确认与初始计量

确认条件：控制权、可计量性、未来经济利益流入。

成本构成（以虚拟货币资产为例）：买价 + 手续费 + 矿工费（挖矿取得时按电费及硬件摊销）。

（二）后续计量选择

后续计量选择如表3-1所示。

表 3-1

资产类型	可能分类	计量模式
交易性加密货币	金融资产（FVTPL）	公允价值（交易所报价）
游戏道具（可销售）	存货	成本与可变现净值孰低

（三）减值测试要点

迹象：市价持续下跌、技术过时（如区块链分叉）、法律限制。

方法：可收回金额（使用价值 vs 公允价值减处置费用）。

（四）披露要求

IFRS 示例：持有目的、估值技术、市场风险敞口、流动性分析。

中国香港地区特别要求：持牌状态、托管安排、反洗钱措施不受影响。

六、争议与前沿问题

（一）去中心化金融（DeFi）收益会计

质押收益是否属于“利息收入”或“其他经营收益”？

案例：Coinbase 将质押奖励计入收入，按服务性质分类。

（二）链上资产的审计挑战

链上资产审计面临技术复杂性、隐私保护与合规性要求、跨链互操作性及数据验证难度等多重挑战。比如，如何验证钱包地址所有权？

（三）元宇宙资产资本化

元宇宙中的虚拟土地在开发时，其支出是否应该资本化？参考“建造合同”（IAS 11）逻辑，土地建造合同通常涉及长期合同，收入和成本需要根据工程进度确认。资本化的条件通常是支出与未来经济利益相关，且能够可靠计量。虚拟土地开发可能涉及购买土地、设计、建设虚拟建筑等支出，这些是否符合资本化条件呢？

第四章

虚拟资产法治化实践

第一节　虚拟资产立法情况

一、境外立法实践

不同法系国家关于虚拟资产的立法有所差异，不少国家根据虚拟资产特别是虚拟货币的发展趋势、金融市场基础、实践应用等，都在积极推进相关立法工作，在纳入战略储备、权益保护、税收征缴等方面做出了有益探索。

（一）美国相关立法实践

美国对虚拟资产的态度一直备受关注。2025 年 3 月 6 日，美国总统特朗普签署了《关于建立比特币战略储备及美国数字资产储备库》的行政令，这是美国首次将比特币纳入国家战略储备体系的重要举措。行政令指出，比特币战略储备（strategic bitcoin reserve，SBR）的初始资金为美国政府通过刑事或民事诉讼没收的比特币，约 20 万枚（价值约 173.8 亿美元）。并且，对存入 SBR 的比特币进行资产锁定，存入 SBR 的比特币不得出售，需作为长期储备资产，用于实现国家战略目标。为了便于审计与管理，行政令要求各机构在 30 天内提交所持比特币的审计报告，并转移至 SBR 统一管理。

2025 年 5 月，《美国稳定币创新指导与建立法案》（*Guiding and Establishing National Innovation for US Stablecoins Act*，以下简称“GENIUS 法案”）在美国参议院通过了程序性投票，标志着美国有关稳定币的立法取得突破性进展。这一法案不仅重塑了数字金融和加密货币的监管框架，更被视为美国在数字时代巩固美元地位的关键布局。该法案定义中的稳定币仅指“支付型稳定币”，明确其是一种用于支付或结算的数字资产，并可按照预定的固定比例进行赎回。法案同时明确，稳定币不是国家货币，不是有保险保障的存款，也不是《证券法》中定义的证券。

（二）欧盟相关立法实践

2023 年 6 月 9 日，《加密资产市场监管法案》（*The Markets in Crypto Assets regulation bill*，MiCA）经过将近两年半的立法审查后在欧盟官方公报上发布，正式成为法律。MiCA 是欧盟第一部关于加密资产市场监管框架的立法。

在保护投资者方面，MiCA 规定，一是要建立完善的客诉处理程序。明确要求加密资产服务提供商（crypto-asset service providers，CASP）建立维护有效透明的程序处理客诉，并且明确告知用户可以投诉，向其提供投诉模板，并记录所有客诉，CASP 经过及时、公正的调查程序后，在合理的时间内将调查结果告知用户。二是要保证安全托管投资者加密资产。提供加密资产托管服务的 CASP 需要制定内部规则和程序以确保用户的加密资产得到安全的保管和控制，使得因欺诈、网络故障等原因丢失加密资产的风险降到最低。至少每 3 个月向客户提供以客户名义记录的加密资产持仓情况说明，其中应包括加密资产种类、余额、价值及资产转移情况。将用户加密资产与 CASP 自有加密资产分开保管，如果出现 CASP 破产的情况，避免债权人追索 CASP 托管的用户加密资产。如果因其自身原因导致用户的加密资产损失，CASP 需要承担的赔付责任上限以损失发生时的价值为准。三是要对投资者进行适用性评估并告知风险。提供加密资产投资建议或资产管理的 CASP 必须从投资者处获取基本的信息，包括投资者对加密资产投资的经验、风险承受能力、自身财务状况以及对加密资产投资风险的了解程度，并建立相关的程序流程对这些信息进行收集，至少每两年对用户重新进行评估。明确告知投资者加密资产的价格波动、可能不具有流动性、可能部分或全部损失、不受投资者赔偿和存款担保计划的保护等风险。

（三）德国相关立法实践

德国作为欧盟内部金融监管体系较为完善的国家之一，在应对加密货币所带来的法律挑战方面始终走在前列。自 2020 年 1 月 1 日起，德国《银行法》正式将加密资产纳入其监管范畴，并将其界定为一种金融工具。为配合欧盟《加密资产市场监管法案》（MiCA）的实施，德国于 2025 年 2 月 28 日再次修订了《银行法》。该法规定，任何提供与加密资产相关金融服务的机构均须获得德国联邦金融监管局的许可。若未经许可经营从事加密资产业务，德国联邦金融监管局有权责令其停止运营、对其处以罚款、最高判处其五年有期徒刑。

2024 年，德国为了配合执行欧盟《加密资产市场监管法案》（MiCA），制定了《加密资产市场监管法》。根据该法，德国联邦金融监管局应对加密资产的发行、交易、托管、稳定币发行等活动实施监管；提供加密资产交易、托管、钱包服务的服务提供者，需要获得德国联邦金融监管局的许可；德国联邦金融监管局可要求资产参考型代币和电子货币代币的发行人设定最小面额或发行金额上限；为保护持有者和投资者的利益，加密资产服务提供者有信息披露、风险提示的义务。

在税收领域，根据德国《所得税法》，加密货币被认定为“其他经济资产”，其出售行为构成“私人转让交易”，所产生的收益须按个人所得税税率纳税。对于个人投资者而言，若其持有加密货币的投机期限超过一年，则相关收益免税；若持有期不足一年，且年度总利润超过 1000 欧元，则需缴纳个人所得税；利润未超过该免税额则无须纳税。加密货币之间的兑换同样适用上述规定，其适用的税率范围在 0~45% 之间，具体税负取决于纳税人的应税总收入。

在商业用途方面，如果用户被认定为从事商业活动，必须申请营业执照。根据德国《营业税法》，个体经营者或者合伙企业从事加密货币交易所得收益超过 24500 欧元的免税额，需要缴纳营业税，但该免税额不适用有限责任公司等法人企业。此外，对于商业性交易来说，即使持有加密货币超过一年，出售时的收益也不享受免税待遇。

（四）日本相关立法实践

虚拟货币能否得到一国的立法承认已然构成该国首次代币发行（initial coin offering，ICO）合法化的前提。早在 2015 年 12 月，日本金融厅（Financial Services Agency，FSA）就公布了《关于资金结算业务高度化的工作小组的报告书》，公开向社会征求对虚拟货币予以立法的意见。2016 年 3 月，FSA 以之为基础，向国会提交了《资金结算法》修正案。2016 年 5 月 25 日，国会正式通过了修订后的《资金结算法》（平成 20 年法律第 59 号）（以下简称“2016 年法案”），并于 2017 年 4 月 1 日实施。“2016 年法案”在原有《资金结算法》第 63 条之后专门增加了“虚拟货币”一章，确立了虚拟货币在日本的合法支付手段地位，日本不仅允许其可与法定货币展开交易，而且认可了不同的虚拟货币之间的相互兑换。同时，该专章还规定虚拟货币交换业者未向内阁总理大臣登记，不得从事与虚拟货币相关的交换业务。否则，将被判处 3 年以下有期徒刑，或被处以 300 万日元以下的罚款，或两项并罚。依此规定，ICO 发行的代币可被认为是一种合法的虚拟货币，但这种合法性是以发行该代币的筹资平台和以该代币交易为经营业务的机构事先向 FSA 登记，获得牌照为前提的。

为配合“2016 年法案”的实施，内阁府也于 2017 年 3 月 24 日分别公布了《资金结算法施行令》和《虚拟货币交换业者内阁府令》，确立了用户资金托管和虚拟货币分别管理的机制，对虚拟货币交换业者的注册登记、货币转移、支付清算及反洗钱作了详尽的规定，从而在源头上防范了 ICO 被用作恐怖组织融资工具或被用于洗钱等违法行为。

（五）韩国相关立法实践

2023 年 6 月 30 日，韩国国会政务委员会通过了该国首部针对虚拟资产的立法——《虚拟资产用户保护法》，目的是保护虚拟资产使用者及限制不公平交易，该法在颁布之日起一年后开始生效（2024 年 7 月起实施）。

该法第 7 条创新性地建立“用户资产托管强制化”机制，要求虚拟资产服务商（VASP）将用户资产委托给银行等持牌金融机构托管，且必须实现“一对一资产对应”。这一规定犹如给用户资产上了“双保险”：物理层面，资产存储于银行金库；逻辑层面，区块链账本与银行账户实时对账。数据显示，法案实施后，韩国头部交易所 Upbit 的用户资产托管率从 62% 跃升至 98%，投资者对资产安全的信任度提升 47 个百分点。①

针对虚拟资产市场特有的操纵手段，该法第 12 条列举了 11 类禁止行为，包括“虚假交易量制造”“去中心化自治组织（DAO）投票操纵”“预

---

① 深度解读！韩国《虚拟资产用户保护法》：时代的投资者守护之盾［EB/OL］. 金磊资产，2025-06-02.

言机数据篡改”等新型违规形态。监管机构可对违规者处以交易金额5%~15%的罚款，情节严重者追究刑事责任。2023年7月，韩国金融监管局依据此条款，对涉嫌操纵NFT市场的某项目方开出首张50亿韩元的罚单，形成强力震慑。

该法将投资者分为“专业投资者”与“一般投资者”，后者单次投资虚拟资产不得超过年收入的10%，且禁止参与杠杆交易、算法交易等复杂产品交易。监管机构委托韩国金融消费者保护院开发“虚拟资产风险认知测试”，投资者需通过包含智能合约原理、私钥管理等内容的测试方可开户。数据显示，2023年新开户投资者中，约32%因未通过测试而被拒，有效过滤了“盲目跟风者”。[①]

针对虚拟资产的跨国属性，该法第18条要求虚拟资产服务商（VASP）对跨境交易实施“全流程穿透式监管”：单笔超过100万韩元的交易，需同时向韩国金融情报院（FIU）和交易对手方所在国监管机构报送信息。2023年9月，韩国与新加坡签署虚拟资产监管合作备忘录，建立“可疑交易联合调查机制”，成功拦截了一起通过DeFi协议转移的5000万美元洗钱资金。

（六）俄罗斯相关立法实践

2024年11月，俄罗斯总统普京签署了一项规范对加密货币征税的法律。该法明确将加密货币认定为财产，并概述了加密货币的税收框架，赋予了俄罗斯个人和企业持有、交易和使用加密货币的合法权利，标志着俄罗斯在加密货币监管和税收领域迈出了关键一步。

---

① 深度解读！韩国《虚拟资产用户保护法》：时代的投资者守护之盾［EB/OL］.金磊资产，2025-06-02.

在个人所得税缴纳方面，该法规定，通过挖矿获得的虚拟货币将被归类为实物收入，所得货币的价值将根据市场报价确定，按照累进税率征税。具体而言，年收入在一定阈值（240 万卢布）以下的投资者适用 13% 的税率，而高于该阈值的部分适用 15% 的税率，与证券、银行存款和其他来源的交易收入纳入相同的税基。

在企业所得税方面，企业从加密货币挖矿中获得的利润将缴纳标准企业税率，该税率从 2025 年开始增加到 25%。这一设计旨在兼顾公平与效率，为个人和企业在数字资产交易中的税务处理提供便利。

该法还要求矿工们向地方税务机关报告其活动的详细信息，以确保所有活动都在法律的监管之下。如果未按时传送此类信息，可处以 4 万卢布的罚款。这一规定旨在解决挖矿领域长期存在的监管漏洞和潜在的税收逃逸问题。此外，该法还允许某些采矿活动免缴增值税。这一举措意在鼓励矿工和相关企业在俄罗斯境内合法运营，同时避免因高税负而导致的市场流失。

这一政策的出台，旨在鼓励合法的加密货币交易的同时，确保国家能够从中获得应有的税收收益。根据分析，这一新税收框架预计每年将为国家带来高达 2000 亿卢布（约合 2 亿美元）的税收。

（七）中国香港相关立法实践

中国香港于 2024 年底启动稳定币立法工作，2025 年 5 月 21 日，香港立法会正式通过《稳定币条例草案》。

在技术层面，该条例第三条明确规定：稳定币是以特定形式储存、转移或买卖的数字资产，主要用于付款、偿债或投资目的，其运作依托于分布式分类账技术，并参照单一资产或一组资产的价值。

在法律层面，该条例第四条规定：只有那些参照一种或多种官方货币（如港币、人民币、美元等）以维持稳定价值的加密数字币，才被认定为法律所规范的“指明稳定币”。值得注意的是，该条例还授权金融管理专员可以通过特定程序确认其他类型的稳定币，为未来创新预留了空间。特别需要指出的是，中国香港的“稳定币”定义明确排除了两类数字资产：一是由一国央行或政府发行的央行数字货币（CBDC）；二是已受《证券法》监管的证券或期货合约。这种排除性规定体现了立法者对不同性质数字资产实施分类监管的思路。

在实践层面，该条例涵盖以下与稳定币相关的核心活动：在中国香港发行指明稳定币；在中国香港以外地区发行参照港币的稳定币；在中国香港向公众积极推广稳定币相关活动；金融管理专员通过特定方式指明的其他活动。

该条例也为发行人民币稳定币提供了可操作方案。作为国际金融中心，中国香港在人民币国际化和稳定币的跨境交易中都处于独特地位，可以作为一个推行境外人民币稳定币试点的“隔离带”。与传统银行电汇慢、贵、手续烦琐不同，离岸人民币稳定币具有速度快、成本低的优势，可以专门用于跨境贸易结算和支付，重点服务我国跨境支付结算以及我国企业在海外投资的融资业务等。此外，与离岸人民币相比，离岸人民币稳定币能够通过区块链结算体系免于美国 SWIFT 系统的制裁威胁，进一步提升中国香港国际金融中心的地位，创新人民币国际化推进路径。

二、我国现行法律制度

（一）虚拟资产法律现状

我国目前尚未出台专门针对虚拟资产的法律法规，但相关监管部门和司法机关在实践中不断探索，逐步形成了以《中华人民共和国民法典》《中华人民共和国刑法》《中华人民共和国网络安全法》《中华人民共和国中国人民银行法》等法律法规为基础，以部门规章、规范性文件、司法解释等为补充的虚拟资产法律保护框架。

（二）民事法律保护现状

1. 民事法律保护内容

《中华人民共和国民法典》第一百二十七条规定："法律对数据、网络虚拟财产的保护有规定的，依照其规定。"该条款首次将网络虚拟资产纳入民事权利客体范畴，为虚拟资产的民事法律保护提供了基础。

同时在民事法律范畴内，一方面，虚拟财产交易合同的效力得到认可。在司法实践中，法院普遍认可虚拟财产交易合同的效力，并根据合同约定和法律规定处理相关纠纷。另一方面，虚拟财产侵权责任得到明确：针对虚拟财产被盗、被毁等侵权行为，受害人可以依据《中华人民共和国民法典》侵权责任编的相关规定，要求侵权人承担停止侵害、赔偿损失等民事责任。

2. 司法实践中的核心空缺与困境

以上条款属于概括性指引，未明确虚拟财产的权利属性（物权、债权或新型财产权）及具体保护规则，导致司法实践中需结合《中华人民共和国民法典》总则编、合同编及侵权责任编的相关规定综合适用。结合当前法律实践、典型案例及学界观点，我们对虚拟资产在实践中的空缺与困境进行了总结。

（1）虚拟资产的物权属性尚不明确。

尽管《中华人民共和国民法典》第一百二十七条确认了虚拟财产的民

事客体地位，但未明确其属于物权、债权还是新型财产权。学界存在以下三种主流观点。

物权说：主张虚拟资产具有排他性支配权（如游戏账号、装备），用户享有占有、使用、收益、处分权，平台仅提供存储服务。

债权说：认为用户与平台间是服务合同关系，用户享有债权请求权（如要求平台恢复数据），而非直接支配权。

新型财产权说：因虚拟资产依赖技术架构，需突破传统物权、债权二分法，构建独立的权利体系。

（2）虚拟资产交易合同的效力与履行标准模糊。

虚拟资产交易的合法性及效力难以判断。法院通常认可通过正规平台进行的交易行为，但若涉及非法交易，则可能认定合同无效。比如，用户间私下交易（C2C）方面，法院多认可合同效力，但需排除违法标的（如禁止流通的加密货币）。平台与用户交易（B2C）方面，平台“最终解释权”“封号不赔偿”等格式条款可能因《中华人民共和国民法典》第四百九十七条（格式条款无效情形）被认定无效。举例说明，某游戏账号租赁纠纷，承租人因使用外挂导致账号被封，法院判决承租人赔偿账号损失，同时确认平台封禁行为的正当性。①

（3）存在权属确认困境。

司法裁判通常根据虚拟财产的来源、使用场景及合同约定进行判定。例如，根据（2019）沪01民终13689号②，原告委托被告管理比特币，后被告拒绝返还，原告起诉要求确认权属。法院认定比特币属于“虚拟财产”应受保护，但因双方未明确约定权属凭证（如钱包控制权转移），最终依

① 资料来源：最高人民法院发布的《网络消费典型案例》（2022）。

② 资料来源：中国裁判文书网。

据合同条款而非区块链记录判决。

（4）缺乏平台责任认定依据。

平台在虚拟财产保护中承担安全保障义务，若因平台技术漏洞导致用户财产损失，法院可能判令平台承担违约责任或侵权责任。例如，根据（2023）沪01民终3456号[①]虚拟礼物购买纠纷案（上海，2023），用户在社交平台购买虚拟礼物后，因平台系统故障导致礼物消失，平台拒绝退款。法院认为，虚拟礼物属于网络服务合同范畴，平台可通过用户协议限制退款；若用户无法证明平台存在故意或重大过失，则无权要求赔偿。由于平台用户协议往往排除自身责任，可能导致法院倾向于将虚拟礼物视为“服务”而非“财产”，进而产生了关于责任认定存在的困境。

（三）刑事法律保护

1. 刑事法律保护内容

我国对虚拟资产的刑事保护呈现“渐进式立法”特征，其法律依据主要来源于《中华人民共和国刑法》分则及司法解释的交叉适用。

《中华人民共和国刑法》及相关司法解释明确规定了利用虚拟资产实施诈骗、洗钱、非法集资等犯罪行为的刑事责任。虚拟资产相关犯罪主要涉及其作为犯罪工具或犯罪对象两类情形，我国刑法通过罪名进行规制，具体如表4-1所示。

表4-1　涉及虚拟资产违法犯罪的法律依据及典型案例

犯罪类型	对应罪名	法律依据	典型案例
作为犯罪工具	洗钱罪、非法集资罪、诈骗罪、传销罪	《中华人民共和国刑法》第一百九十一、一百七十六、二百六十六、二百二十四条	2022年“PlusToken”虚拟货币传销案（涉案金额为400亿元，主犯被判刑12年）

① 资料来源：中国裁判文书网。

续表

犯罪类型	对应罪名	法律依据	典型案例
作为犯罪对象	非法获取计算机信息系统数据罪、破坏计算机信息系统罪、盗窃罪、敲诈勒索罪	《中华人民共和国刑法》第二百八十五、二百六十四、二百七十四条	2021 年上海某交易所黑客攻击案（黑客利用漏洞盗取比特币，以破坏计算机信息系统罪定罪）
涉众型金融犯罪	非法经营罪（违规开展虚拟资产交易业务）、擅自发行证券罪（ICO）	《中华人民共和国刑法》第二百二十五、一百七十九条	2017 年“ICO 禁令”后，多地查处以代币发行名义非法集资案件

针对虚拟资产交易平台，相关部门出台了一系列规范性文件，要求虚拟资产交易平台履行反洗钱、反恐怖融资等义务，防范利用虚拟资产进行违法犯罪活动。

2021 年中国人民银行等十部门发布的《关于进一步防范和处置虚拟货币交易炒作风险的通知》，将虚拟货币相关业务定性为非法金融活动，为刑事打击提供政策依据。

2022 年最高法《关于办理非法集资刑事案件适用法律若干问题的意见》明确将虚拟货币交易平台吸收资金行为纳入非法集资犯罪范畴。

2024 年《中华人民共和国反洗钱法》修订草案将虚拟资产交易平台纳入反洗钱义务主体，要求履行客户身份识别、大额交易报告等责任。

2. 司法实践中的核心空缺与困境

（1）虚拟资产的“财物属性”认定存在分歧。

①支持“财物说”的判决。

（2020）浙刑终 123 号：认定比特币属于“刑法意义上的财物”，盗窃比特币构成盗窃罪。[①]

依据：参考《中华人民共和国民法典》第一百二十七条对虚拟财产

① 虚拟财产刑事保护路径探析［N］. 人民法院报，2021-03-11.

的保护原则，承认其经济价值。

②否定“财物说”的判决。

（2019）沪刑终 456 号：认为虚拟货币属于“计算机数据”，非法获取构成非法获取计算机信息系统数据罪。①

依据：央行等部委明确虚拟货币的“非货币属性”，且其缺乏物理形态和法定偿付性。

（2）涉案金额计算标准混乱。

定价依据不统一，主要涉及以下几类价格标准。

案发时市场价：如比特币按交易所实时价格计算（参考“欧易 OKX”平台数据）；

销赃金额：以犯罪嫌疑人实际变现金额为准；

成本价：按受害人购买时的充值金额计算。

典型案例：2023 年某虚拟货币诈骗案中，法院采用“案发时市场价”与“销赃价”孰低原则确定损失金额。②

（3）跨境犯罪管辖与证据难题。

链上匿名性：犯罪分子通过混币器（通过接收转入的加密货币，将其与大量其他加密货币混合交易，再以不同金额、不同类型的加密货币输出至多个钱包地址，从而有效混淆了资金来源。这种工具不仅增加了追踪赃款的难度，还助长了跨境洗钱活动的泛滥）、跨链桥转移资产，资金流向难以追踪。司法协作滞后：境外交易所（如币安）配合调证周期长，部分国家不承认我国司法文书效力。

创新实践：2023 年公安部与 Chainalysis 合作，利用区块链分析技术

① 涉虚拟货币犯罪定性分歧研究［J］. 上海审判实践，2020（2）.

② 虚拟货币诈骗案激增，法院探索定价新规［N］. 南方都市报，2023-11-09.

锁定某跨境洗钱团伙钱包地址。[①]

3. 国际经验借鉴

国际打击虚拟资产犯罪立法参考借鉴如表 4–2 所示。

表 4–2 国际打击虚拟资产犯罪立法实践

国家 / 地区	刑事规制的特点	参考价值
美国	将虚拟资产纳入传统金融犯罪体系，SEC 严打证券型代币发行（如起诉 Ripple 公司）	明确 ICO 的证券属性认定标准
欧盟	通过《资金转移条例》（TFR）要求交易所收集转账人信息，否则承担刑事责任	“可追溯性”原则对我国反洗钱立法具有借鉴意义
日本	修订《犯罪收益转移防止法》，将虚拟资产交易所纳入反恐融资监管	平衡创新与风险防范的“牌照制”管理

关于虚拟资产监管的探索和实践，我们将在下一章详细阐述。

第二节　虚拟资产确权与遗产继承

一、虚拟资产的确权

虚拟资产的确权是明确其权利归属的关键过程，在当前数字经济环境下具有重要意义。

（一）法律层面

从法律层面看，虚拟资产涉及的权利内容包括以下几类。

① 资料来源：2023 年 9 月，公安部发布的《“净网 2023”专项行动十大案例》。

占有权：用户通过注册、购买等行为取得虚拟资产的实际控制。

使用权：用户可在平台规则范围内使用资产，但受限于服务协议。例如，淘宝店铺转让需经平台同意。

收益权：通过交易、授权等方式获取经济利益。例如，欧盟《数字市场法案》要求平台不得限制用户对虚拟资产的商业利用。

处分权：用户可转让、质押资产，但需符合法律规定。例如，国家版权局《著作权质权登记办法》允许数字作品通过质押融资。

尽管《中华人民共和国民法典》对数据、网络虚拟财产的保护有所提及，但虚拟资产的法律属性在理论界仍存在物权说、债权说、知识产权说以及独立产权说等多种观点。

物权说主张虚拟资产虽无形却具有客观存在性与可衡量价值，应作为物权客体受保护，然而其对网络服务商等载体的依赖使其独立性受限。

债权说基于用户与运营者的契约关系，将虚拟资产视为债权客体，却难以解释用户对虚拟资产的部分支配权和排他权。

知识产权说认为虚拟资产是智力成果形式的知识产权客体，但并非所有虚拟资产都符合脑力创造的特征。

独立产权说则强调虚拟资产作为新型财产的独特性，其权利归属需依正当性判定。

（二）技术层面

技术层面，虚拟资产的存在依赖于复杂的网络技术架构和数字存储系统。其以二进制数据形式存储于服务器，数据安全受网络服务提供商技术能力、服务器稳定性以及黑客攻击等因素影响。一旦数据丢失或受损，虚拟资产的准确识别与确权将面临困境。以区块链技术应用为例，虽然其去中心化、不可篡改特性为虚拟资产确权提供了新途径，但区块链智能合约的代码漏洞、不同区块链平台间的互操作性问题，使得跨链虚拟资产的确权变得复杂。如何在不同技术环境下确保虚拟资产权益的准确确认，是技术领域亟待解决的难题。

（三）实践层面

在虚拟资产确权领域，诸多实际案例充分展现了该过程的复杂性与多样性。实践中对虚拟资产的确权主要分为以下几类。

虚拟货币：司法实践倾向于承认其财产属性，但禁止金融化交易。例如，深圳法院在虚拟货币交易纠纷中，虽认定交易合同无效，但支持用户要求返还虚拟货币的请求。

NFT（如用户生成内容）：适用《中华人民共和国著作权法》保护，需通过登记明确著作权归属。例如，杭州互联网法院在NFT侵权案中，将数字作品的信息网络传播权延伸至区块链领域，认定平台需承担更高的审查义务。

账号类资产（如社交账号、游戏账号）：司法实践中多遵循“注册人所有”原则，但需考量实际贡献。例如，“浪胃仙”账号案中，法院将账号价值纳入职务侵占罪犯罪金额，认定账号所有权归公司所有。

案例一：

在网络游戏虚拟财产确权方面，北京三中院曾判决张某诉甲公司等网络侵权责任纠纷案。甲公司作为游戏平台所有权人，乙公司为涉案游戏在大陆地区的运营商，张某是该游戏的忠实玩家。2016 年 9 月，乙公司因版权问题宣布将于 11 月 20 日关闭游戏营运，并给出补偿方案，但张某并不认可，因其账号里留存着大量虚拟货币及游戏道具。张某将甲、乙两公司告上法庭，要求赔偿充值损失。甲、乙公司依据《用户协议》主张有权随时终止游戏服务且无须担责。法院经审理认为，张某在游戏中享有的虚拟资产具有财产性，其因游戏停止服务所遭受的损失应得到赔偿，最终综合考虑相关情况，酌定甲公司退还张某历史充值额的20%。此案例充分体现了网络游戏中的虚拟财产属于民事法律保护范围，也表明在游戏虚拟资产确权时，需综合考量玩家投入、平台协议以及游戏运营状况等多方面因素。

资料来源：网停服后充值20余万元的玩家要求退费，法院这样判［N］.北京日报，2022-10-26.

案例二：

婚姻关系中的虚拟资产确权问题也备受关注。江苏省高级人民法院曾披露过一起典型案例。陈某婚后注册同名抖音账号，粉丝量迅速增长到300多万人，运营该账号成为其主要经济收入来源。之后陈某与谢某因家庭琐事产生纠纷，双方同意离婚，但就抖音、快手账号的归属问题产生争议。谢某起诉要求分割财产，陈某则认为账号由自己负责策划、运营，属于个人财产。法院经审理认为，两个短视频账号因能带来可观经济收益，具有财产属性，且抖音账号婚后注册、快手账号粉丝婚后积累，其中财产性权益和收益属于夫妻共同财产。不过考虑到账号注册和运营由陈某负责，具有较强人身属性，最终调解达成协议，账号归陈某，陈某给予谢某一定经济补偿。类似地，北京市房山区人民法院曾审理一起短视频账号过户案，徐女士和杨先生婚姻存续期间，杨先生注册的短视频账号由徐女士运营并积累粉丝、获得收益，离婚后双方就账号分割产生纠纷。经法院调解，双方达成共识，法院出具协助执行通知书，平台依据法律文书注销原身份信息，由徐女士重新认证，完成账号变更。这些案例表明，在婚姻关系中涉及虚拟资产确权时，需综合考虑账号注册时间、运营情况、收益来源以及人身属性等因素，以公平合理地确定财产归属。

资料来源：江苏高院 2022 年 4 月发布的《江苏法院家事审判十大典型案例》之案例五；离婚时争短视频账号，法院：账号归运营者、收益属共同财产［EB/OL］. 环球网，2024-03-08.

二、虚拟资产的遗产继承

虚拟资产的遗产继承具有多方面重要意义，它不仅仅是简单的财产转移，更涉及个人数字身份的延续、情感的传承以及社会经济秩序的维护。

从财产分配角度来看，虚拟资产已成为个人财产的重要组成部分。随着人们在数字世界的活动日益频繁，投入的时间和金钱不断增加，虚拟资产的价值也在不断攀升。以游戏账号为例，一些玩家在游戏中投入了大量的时间和金钱，积累了丰富的虚拟财富，这些财富在现实生活中同样具有经济价值。如果不进行合理的继承，这些资产可能会随着玩家的去世而消失，导致财产的浪费和继承人权益的受损。对于拥有网络店铺的商家来说，店铺的价值可能是其一生的心血结晶，继承网络店铺可以让家族继续经营，延续商业价值。

社交账号等个人数字身份的延续也是虚拟资产继承的重要意义之一。在社交平台上，人们通过发布内容、与他人互动等方式构建了自己独特的数字身份。这些数字身份承载着个人的思想、情感和社交关系，是个人在网络世界的重要标识。当账号主人去世后，继承人继承账号可以让其数字身份得以延续，亲朋好友可以通过账号缅怀逝者，了解其过往的生活和思想。

例如，一位作家在微博上分享自己的创作心得和生活感悟，拥有大量的粉丝。他去世后，继承人继承其微博账号，粉丝们可以继续在账号上阅读他的过往内容，感受他的精神世界，这对于传承其文化遗产和个人精神具有重要意义。

情感传承同样不可忽视。很多虚拟资产都承载着人们的情感记忆，如社交平台上与亲朋好友的聊天记录、照片、视频等，这些都是珍贵的情感财富。继承这些虚拟资产可以让继承人更好地缅怀逝者，感受家族的情感纽带。一个家庭的微信群中保存着多年来家人之间的交流记录、家庭聚会的照片和视频，这些内容记录了家庭的成长和变迁，继承这个微信群可以让后代了解家族的历史和文化，传承家庭的价值观和情感。

虚拟资产的继承对于维护社会稳定和促进经济发展也具有重要作用。合理的继承制度可以避免因虚拟资产归属问题引发的纠纷和矛盾，维护社会的和谐稳定。在数字经济时代，虚拟资产的继承也有助于促进数字资产的流通和利用，推动数字经济的发展。如果网络店铺能够顺利继承，新的经营者可以继续利用店铺的资源开展业务，创造就业机会和经济效益。

（一）各国和地区关于虚拟资产遗产继承的法治化实践

1. 中国香港：虚拟资产服务提供者发牌制度

基本内容：要求所有虚拟资产交易平台必须持牌运营，并遵守反洗钱、用户资产隔离等规定。持牌平台需配合司法机关处理遗产继承请求，但需验证继承人身份并符合中国香港的法律程序。

2. 欧盟：加密资产市场法规

基本内容：首次将加密货币、稳定币纳入统一监管框架，要求交易所和钱包服务商保留用户交易记录至少 5 年，为遗产核查提供数据支持。未直接规定继承程序，但强调“用户资产保护”。德国 2023 年对相关案例裁定，MiCA 框架下交易所必须协助转移死者账户内的加密货币。

3. 美国：各州自治法案实践

美国统一州法委员会（National Conference of Commissioners on Uniform State Laws）2014 年 7 月出台了世界上第一个以专门立法的形式规定虚拟财产继承问题的法律——《统一受托人访问数字资产法》（*Uniform Fiduciary Access to Digital Assets Act*，UFADAA），对各类主体的定义、数字资产的范围、法律适用范围、受托人的权限、管理人的豁免权等问题予以了规定。

俄克拉何马州 2010 年在第 2800 号议案中规定，“除非被继承人另有授权，遗产管理人或者遗嘱执行人有权控制、管理、继续、终止死者在任何社交网站、短消息服务网站、电子邮件服务网站上的账户”。

纽约州《数字遗产法案》允许用户通过公证指定“数字遗产执行人”，有权访问社交媒体、邮箱、加密货币账户。要求 Meta、谷歌等平台在 15 日内响应执行人请求，否则面临罚款。

怀俄明州《DAO 法案》修订（2024 年 1 月）：承认去中心化自治组织（DAO）的法律地位，明确 DAO 成员持有的治理代币可作为遗产分配。

4. 巴西：民法典修正案

将“数字资产”定义为“可通过电子手段转移的虚拟价值”，纳入遗产范围。强制要求本国运营的平台（如 Mercado Bitcoin）提供“遗产转移按钮”，继承人凭法院令可直接接管账户。

5. 阿联酋：迪拜《虚拟资产法》

要求虚拟资产服务商为用户提供“遗产继承备案”选项，预存继承人联系方式。阿联酋是首个明确将“默示同意”原则应用于虚拟资产继承的地区。用户死亡后，平台需主动联系备案继承人，若 90 日内无争议则转移资产。

6. 印度：最高法院推动立法

《数字资产管理与继承法案》（征求意见稿）：拟规定社交媒体账号、游戏道具、加密货币均需登记在政府区块链平台，否则无法主张继承权。

7. 澳大利亚：财政部咨询文件

计划对加密货币继承征收资本利得税（CGT），以继承时的市价作为计税基准。要求本地交易所提供“遗产快速通道”，3 个工作日内冻结账户并配合调查。

（二）我国虚拟资产遗产继承现状

1. 法律框架与实践基础

《中华人民共和国民法典》第一百二十七条明确将数据和网络虚拟财产纳入法律保护范畴，为虚拟资产继承提供了原则性依据。司法实践中，法院通过典型案例逐步明确虚拟资产的可继承性：例如，河南省荥阳市人民法院在游戏账号转让纠纷中，依据《中华人民共和国民法典》判决支持玩家维权①；北京某法院在游戏停服案件中，认定虚拟道具属于可继承财产，并确立了损害赔偿标准②。这些案例表明，虚拟资产若具有实际经济价值或可与现实货币交易关联，其继承诉求可获得司法支持。

2. 社会认知与实践创新

虚拟资产继承已经从概念走向了现实。根据《中华遗嘱库白皮书》，截至 2023 年底，涉及虚拟资产的遗嘱数量达 488 份，涵盖社交账号（微信、

① 花高价买来的账号被“找回”法院这样判！［EB/OL］. 河南省荥阳市人民法院网，2023-09-22.

② 资料来源：北京互联网法院 2023 年发布的《网络虚拟财产保护典型案例》。

QQ）、游戏账号、数字货币等类型。以百万粉丝 B 站 UP 主为例，其遗嘱中将账号运营权与 300 万元虚拟资产分别指定给好友与父母，反映出年轻人对虚拟资产价值的认知提升。此类案例不仅推动了遗嘱规划的普及，也促使平台与公证机构探索继承流程。例如，支付宝允许继承人通过公证材料提取账户余额，抖音支持账号主体变更，但需提供死亡证明与亲属关系证明。

（三）我国虚拟资产遗产继承实践中存在的问题

1. 法律法规的缺失与模糊

现行《中华人民共和国民法典》虽对遗产范围采取概括式规定，将遗产定义为“自然人死亡时遗留的个人合法财产”，且提及对数据、网络虚拟资产的保护，但对于虚拟资产如何具体纳入遗产继承范畴，缺乏明确、详细的法律条文指引。例如，对于虚拟资产的可继承性判断标准、继承程序、继承人权利义务等关键问题，法律均未作出明确规定。这使得在实际操作中，继承人在主张继承虚拟资产时，缺乏明确的法律依据，难以维护自身合法权益。同时，由于法律规定的模糊性，不同地区、不同法院在处理虚拟资产继承案件时，可能存在理解和裁判标准的差异，导致司法实践的不统一，进一步加剧了虚拟资产遗产继承的不确定性。

2. 平台规则的限制与冲突

虚拟资产的运营和管理高度依赖于网络平台，各平台基于自身运营策略和风险防控考虑，制定了一系列用户服务协议和平台规则，这些规则在虚拟资产遗产继承方面往往设置了诸多限制。例如，许多社交平台的服务协议规定账号所有权归平台所有，用户仅享有使用权，且禁止账号转让、继承；游戏平台则可能规定游戏账号、虚拟装备等不得进行线下交易和继承，否则将面临封号等处罚。这些平台规则与用户及其继承人对虚拟资产的继承期望产生冲突。一方面，平台规则旨在维护平台的正常运营秩序、保护自身权益以及用户数据安全等；另一方面，用户投入大量时间、精力和金钱积累的虚拟资产，其继承人希望能够依法继承。如何平衡平台规则与用户及其继承人的权益，是解决虚拟资产遗产继承问题的关键之一。

3. 继承手续的烦琐与技术难题

在办理虚拟资产继承手续时，继承人面临着烦琐的程序和诸多技术难题。首先，继承人需要证明自己与被继承人的亲属关系以及对虚拟资产的继承权，这在虚拟世界中往往缺乏明确、统一的认证机制。与传统财产继承中可通过户口本、遗嘱等明确证明材料认证不同，虚拟资产的继承可能需要获取网络平台的协助，以确认账号归属和资产信息，但平台可能出于用户隐私保护、数据安全等考虑，对提供相关信息设置严格条件和复杂流程，增加了继承人获取信息的难度。其次，虚拟资产的存储和管理依赖于特定的技术系统，如区块链技术下的虚拟资产，继承人可能需要掌握相关技术知识和操作技能，才能实现对继承资产的接收和管理。例如，继承比特币等数字货币，继承人需要获取被继承人的私钥等关键信息，但私钥的保管和传承往往缺乏安全、有效的机制，一旦私钥丢失，继承的虚拟资产将难以找回。

4. 价值评估与分割的困难

虚拟资产的价值评估缺乏统一标准，其价值受多种复杂因素影响，波动较大。在遗产继承中，准确评估虚拟资产的价值对于合理分配遗产、保障各继承人权益至关重要。但目前市场上缺乏专业、权威的虚拟资产价值评估机构和方法，导致在继承过程中，继承人之间以及继承人与平台之间可能就虚拟资产的价值产生争议，难以达成一致。此外，虚拟资产的形态多样，部分虚拟资产具有不可分割性，如一个具有独特意义的社交媒体账号、一款游戏中的特定角色等。如何在多个继承人之间合理分割此类虚拟资产，也是实践中面临的难题。例如，多个继承人都希望继承被继承人具有大量粉丝和商业价值的微博账号，在无法直接分割账号的情况下，如何通过协商或法律途径确定账号的使用和收益分配方式，成为亟待解决的问题。

三、启示与建议

（一）完善法律法规体系

规定专项立法或司法解释，明确虚拟资产的定义、分类（如社交账号、加密货币、NFT、游戏道具等）及可继承性标准。规定虚拟资产继承的法定程序，包括继承申请材料（如死亡证明、亲属关系证明、遗嘱等）、平台配合义务及争议解决机制。进一步明确虚拟资产的法律属性，将虚拟资产纳入“可继承财产”范畴，区分其物权属性（如加密货币）和债权属性（如平台账号使用权），制定差异化继承规则。针对特殊虚拟资产（如社交账号），引入“人身属性例外条款”，允许继承人继承经济权益但不得篡改原账号内容，平衡情感传承与隐私保护。

（二）规范平台责任与用户权益

规定境内平台（如微信、支付宝、游戏运营商）在用户协议中明确虚拟资产继承规则，禁止“单方封禁继承权”等霸王条款。平台提供“遗产继承备案”功能，用户关键信息严格保密。建立虚拟资产登记与托管机制，推广区块链技术融入平台管理。要求用户将重要虚拟资产（如加密货币私钥、NFT 所有权）在国家认可的区块链平台上登记，便于继承时快速确权。

（三）优化继承程序与技术支撑

简化遗产继承手续，设立统一的虚拟资产继承服务平台，集成公证、司法认证、平台协作等功能，实现“一站式”办理。推行电子遗嘱认证系统，允许通过人脸识别、区块链存证等技术验证遗嘱真实性，降低继承成本。强化技术支持与隐私保护，探索应用数字遗产管理工具，确保继承人可通过多重签名机制安全获取资产。建立“隐私沙盒”机制，在继承过程中仅向平台披露必要信息（如继承人身份），保护被继承人的敏感数据（如聊天记录）。

（四）统一价值评估与分割标准

建立权威评估体系，制定科学估值标准（如参考市场交易价、用户投入成本、平台定价），解决加密货币、NFT 等波动性资产的价值争议。对不可分割资产（如高价值社交账号），引入拍卖或收益共享机制，允许继承人协商使用权分配或通过第三方平台变现后分配收益。参考婚姻财产分割案例，明确虚拟资产分割规则，综合考虑账号注册时间、运营贡献、收益比例等因素，优先保障实际运营者权益。

（五）完善配套服务与税收政策

普及虚拟资产继承教育，引导用户通过遗嘱、公证等方式提前规划虚拟资产继承，减少纠纷。鼓励公证机构、律所提供虚拟资产继承专项服务，开发标准化继承协议模板。支持第三方机构提供技术解决方案，降低继承门槛。完善征税政策，对虚拟资产继承征收资本利得税，以继承时的市价为计税基准，设置免税额度。对公益性虚拟资产（如数字文化遗产 NFT）继承实施税收减免，鼓励文化传承。

第三节　虚拟资产司法案例和审判思路

一、虚拟货币案例和司法审判思路

（一）利用虚拟货币洗钱

随着区块链技术的高速发展，犯罪分子利用虚拟货币实施洗钱犯罪的态势愈演愈烈，犯罪手段不断翻新，涉案金额持续攀升，对经济秩序和社会公平正义造成了严重威胁。

案例一：

2015 年 8 月至 2018 年 10 月间，陈某波注册成立意某金融信息服务公司，未经国家有关部门批准，以公司名义向社会公开宣传定期固定收益理财产品，自行决定涨跌幅，资金主要用于兑付本息和个人挥霍，后期拒绝兑付。此外，陈某波还开设数字货币交易平台发行虚拟币，通过虚假宣传诱骗客户在该平台充值、交易，虚构平台交易数据，并通过限制大额提现提币、谎称黑客盗币等方式掩盖资金缺口，拖延甚至拒绝投资者提现。

2018 年 11 月 3 日，上海市公安局浦东分局对陈某波以涉嫌集资诈骗罪立案侦查，涉案金额 1200 余万元，陈某波潜逃境外。

2018 年年中，陈某波将非法集资款中的 300 万元转账至陈某枝（系陈某波妻子）的个人银行账户。2018 年 8 月，为转移财产，掩饰、隐瞒犯罪所得，陈某枝、陈某波二人提出离婚。2018年10月底至11月底，陈某枝明知陈某波因涉嫌集资诈骗罪被公安机关调查、立案侦查并逃往境外，仍将上述300万元转至陈某波的个人银行账户，供陈某波在境外使用。

另外，陈某枝按照陈某波指示，将陈某波用非法集资款购买的车辆以90余万元的低价出售，随后在陈某波组建的微信群中联系比特币“矿工”，将卖车钱款全部转账给“矿工”换取比特币密钥，并将密钥发送给陈某波，供其在境外兑换使用。

上海市公安局浦东分局在查办陈某波集资诈骗案中发现陈某枝的洗钱犯罪线索，经立案侦查，于2019年4月3日以陈某枝涉嫌洗钱罪将案件移送起诉。中国人民银行上海总部指导商业银行等反洗钱义务机构排查可疑交易，通过穿透资金链、分析研判可疑点，向公安机关移交了相关证据。

上海市浦东新区人民检察院经审查认为，陈某枝以银行转账、兑换比特币等方式帮助陈某波向境外转移集资诈骗款，构成洗钱罪。

2019年12月23日，上海市浦东新区人民法院作出判决，认定陈某枝犯洗钱罪，判处有期徒刑二年，并处罚金20万元。陈某枝未提出上诉，判决已生效。

资料来源：中国人民银行反洗钱局。

案例二：

2021年5月，以犯罪嫌疑人季某、张某、王某为首的犯罪团伙利用境外聊天软件飞机（Telegram）串联发展下线人员，将涉嫌网络传销、涉诈、涉赌等犯罪资金通过波场链（USDT-TRC20）、以太坊链

（USDT-TRC20）转换为虚拟数字货币泰达币（USDT），最后利用其招募的众多不法人员注册匿名区块链账户地址，兑换人民币付给上游犯罪集团金主，从中攫取非法利益。

与此同时，该团伙在全国多地有窝点，在完成“接单”后，洗钱任务会分配到各地的洗钱小组，小组长再各自招募底层洗钱人员，在线上或线下进行洗钱操作。在每完成一单洗钱业务的操作后，团伙头目、小组长、取款手、底层洗钱人员等各层级都会按不同比例获得抽成。该犯罪集团通过虚拟币交易洗钱，金额高达 120 亿元。

2022 年 9 月至 10 月，通辽市公安局科尔沁分局在内蒙古自治区公安厅经侦总队和通辽市公安局经侦支队的全力指导下，抽调 200 余名警力赴 17 个省（自治区、直辖市），分线出击、锐力攻坚，历时 3 个月，一举打掉一特大利用网络区块链兑换数字虚拟货币洗钱的团伙，抓捕犯罪嫌疑人 63 名，扣押涉案现金 3200 万元，涉案固定资产价值 1800 余万元，扣押并转出区块链数字货币价值人民币 7500 余万元，冻结涉案资金 500 余万元，共计收缴违法所得约 1.3 亿元。

资料来源：人民公安报。

案件三：

2020 年 12 月 14 日，吴某等人在网上搭建投资理财平台，以投资虚拟货币上市后将获取高额收益为诱饵，面向社会公众非法募集资金，共计 37.23 万人注册，8.75 万人参加集资，集资诈骗金额达 3186 余万元，吴某等人为掩饰、隐瞒犯罪所得，利用虚拟货币、联合创始人账户、投资港股等方式将犯罪所得进行“清洗”。

吴某等以投资“Y 宝”兑换“Y 币”上市升值为诱饵非法募集资金，

宣称1元可购买3个“Y宝”，1个“Y宝”价值约为0.33元，兑换成“Y币”上市后价值将达到167美元，其收益率远远超过理财产品收益率。吴某募集非法资金后，未开展过任何相关实体经营或推介上市活动，投资者在平台上的“Y宝”仅是一个数字符号，所谓按比例静态释放的很小一部分提现金额也来自其他用户的充值资金，是一个典型的利用虚拟货币投资为幌子的庞氏骗局。主犯吴某为掩饰、隐瞒集资诈骗犯罪所得，将非法所得结算的虚拟货币，先后4次在珠海、深圳等地通过线下“币商”分别将价值100万元的USDT、价值200多万元的USDT和509259.3136个USDT兑换为人民币现金，合计人民币670万元；在广东河源、中国澳门等地通过线下“币商”兑换港币现金50万元。同伙朱某在珠海按USDT单价折合人民币6元多、ETH单价每个1万多元的价格将虚拟货币USDT和4个ETH兑换为人民币现金94万元，实现了集资诈骗赃款的清洗，部分资金供其团伙开销、购买高档轿车、投资港股等。

2021年3月19日，甘肃省景泰县人民法院依法判处吴某等4名主犯犯集资诈骗罪、洗钱罪，16名协从犯犯洗钱罪，有期徒刑5~8年不等，并处罚金最高280万元。

虽然我国监管机关明确禁止代币发行融资和兑换活动，但由于各个国家和地区对比特币等虚拟货币采取的监管政策存在差异，通过境外虚拟货币服务商、交易所，可实现虚拟货币与法定货币的自由兑换。

资料来源：景泰县人民检察院网站。

这一类案例的典型意义在于利用虚拟货币在洗钱犯罪中的隐蔽性和复

杂性，犯罪团伙利用技术手段和法律漏洞，将非法资金转化为虚拟货币并转移至境外，将犯罪所得及收益转换成境外法定货币或者财产，是洗钱犯罪新手段，洗钱数额以兑换虚拟货币实际支付的资金数额计算。

（二）利用虚拟货币行贿受贿

利用虚拟货币行贿受贿属于新型腐败的一种，是最近几年出现的一种新的腐败形态，相对于以前官员存在的服务类腐败和金钱腐败，虚拟货币从其功能来说，介于前述两种腐败行为之间，看不见摸不着，同时又可以像货币一样进行购买。

案例一：

中国证监会科技监管司原司长姚某被通报利用虚拟货币进行权钱交易。他在担任金融监管部门要职期间，滥用政策制定权，扶持特定科技服务商，并通过虚拟货币收受贿赂。姚某作为央行数字货币研究所首任所长，曾主导中国数字货币研发，但其违纪行为严重损害了公众对数字货币的信任。

姚某被定性为“利用虚拟货币等进行权钱交易”，这是中国纪委监委首次在落马官员通报中明确提及虚拟货币作为腐败工具。

监管部门通过区块链数据分析工具追踪虚拟货币流向，结合其职务行为与资金异常流动锁定犯罪事实。

此案推动了对虚拟货币腐败的司法关注，可能加速相关司法解释的完善。目前姚某已被开除党籍和公职，具体量刑尚未公布。

资料来源：中国证券监督管理委员会网站。

案例二：

2023 年 8 月 22 日，浙江省杭州市中级人民法院公开宣判江西省政协原党组成员、副主席肖某受贿、滥用职权一案，对被告人肖某以受贿罪、滥用职权罪判处无期徒刑。

2017~2021 年，肖某利用担任抚州市委书记的职权，与创世纪科技有限公司的实际控制人、币圈大佬林某相识，并进行了一大波权力变现。具言之，肖某利用职权，将林某控制的创世纪科技有限公司作为抚州重点企业引进，对外号称要“打造亚洲最大的单体数据中心”，而实际上则是默许了创世纪科技有限公司在抚州偷偷搭建出了一个巨大的“矿场”进行比特币挖矿。不仅如此，肖某还为创世纪科技有限公司提供了大量的财政补贴、资金支持以及最为重要的电力保障。

林某当然也投桃报李，将挖矿产出的大量比特币（坊间传言有 6000 多枚）“赠予”肖某，一审审判期间查明，肖某受贿高达 1.25 亿元。

资料来源：浙江法院网。

案例三：

南京市人民检察院在 2024 年 5 月发布了一则案例，海某担任某公安局工作人员，主要职责为掌握计算机信息网络违法犯罪动态，侦查网络违法犯罪案件等。被告人海某利用上述职务上的便利，通过下属吴某，获取到该案中含有比特币信息的涉案电子数据，并将数据发送给了其朋友季某某（某网络科技有限公司负责人、技术人员），后季某某破解了上述比特币密钥并盗窃了部分比特币，海某默认了该行为。后被告人海某也未及时报告查处，而是多次向季某某索要现金及比特币。案发后办案单位将比特币进行变现，得款人民币 4822.72 余万元。

资料来源：南京市人民检察院网站。

案例四：

2020~2021 年，冯某利用其在某科技公司服务商与区域运营成长部工作，负责服务商的入驻审批、奖励政策制定、执行等职务便利，与唐某某、杨某某等共谋，骗取该公司服务商奖励资金共计人民币 1.4 亿余元。其间，杨某某指使王某某、赵某 1、赵某 2、翟某某，以本人或他人名义注册多家空壳公司，协助将某科技公司支付的奖励资金转至杨某某实际控制的账户。

冯某、唐某某和杨某某通过上述方式骗取奖励资金后，按照事先约定的比例分成。冯某指挥唐某某、杨某某分别利用 8 个境外虚拟货币交易平台，将涉案钱款从人民币转化为虚拟货币，通过境外“混币”平台混淆资金来源、性质，以虚拟货币形式经多个层级转移，部分涉案钱款以人民币形式流入冯某等人控制的账户，部分涉案钱款以虚拟货币形式被冯某等人隐匿。

2022 年 8 月 10 日，北京市公安局海淀分局（以下简称“海淀分局”）以冯某等 7 人涉嫌职务侵占罪提请批准逮捕。2022 年 8 月 17 日，北京市海淀区人民检察院（以下简称“海淀区检察院”）以冯某等 7 人涉嫌职务侵占罪批准逮捕。2023 年 1 月 17 日，海淀分局以冯某等 7 人涉嫌职务侵占罪向海淀区检察院移送审查起诉。2023 年 4 月 14 日，海淀区检察院报送北京市人民检察院第一分院（以下简称“市检一分院”）审查起诉。为查明案件事实，检察机关针对被告人利用虚拟货币分赃并通过境外“混币”平台混淆资金流向的情况，对虚拟货币和法定货币逐笔比对、双向审查，准确查明资金流向。从海量数据中提取出关键证据，查明各被告人共谋侵占奖励资金的事实，促使被告人从拒不认罪到全部认罪认罚，增加认定犯罪数额2000余万元。在冯某前期拒不交出虚拟货币密钥和助记词的情况下，检察机关积极开展追赃挽损工作，最终促使冯某退缴比特币92枚，共计追回赃款人民币8900余万元，最大限度挽回被害单位的经济损失。

2023年5月12日，市检一分院以冯某等7人涉嫌职务侵占罪提起公诉，2024年5月11日对冯某等4人进行补充起诉。2024年9月14日，北京市第一中级人民法院作出判决，被告人冯某等7人犯职务侵占罪，分别判处有期徒刑三年至有期徒刑十四年六个月不等，并处相应罚金，其中部分被告人适用缓刑。各被告人均认罪认罚未上诉，判决已生效。

资料来源：海淀区检察院网站。

案例五：

2025年5月11日，浙江省纪委监委通报，省机电集团原董事长廉某因涉嫌严重违纪违法被调查，其利用职务之便在多个项目中谋取私利，涉案金额巨大。其儿子在瑞士开了虚拟货币钱包，用泰达币收了部分非法所得，再通过“混币器”洗钱到开曼群岛账户，涉案金额超4000万美元。

资料来源：中央纪委国家监委网站。

虚拟货币行贿确实提供了一些传统手段难以企及的便利性，尤其是在跨境交易和规避银行系统监管方面。然而，它也伴随着更高的操作复杂性、更大的信任风险，以及更多的法律和技术追踪压力。从姚某案的公开细节看，虚拟货币行贿并没有让他免于调查，反而可能因链上记录成为重要证据。这说明，虚拟货币的所谓“安全性”更多是技术手段的暂时性优势，而非绝对的屏障。

随着技术进步，链上数据的透明性和永久存储性反而可能让行贿行为更容易留下痕迹。从这个意义上看，虚拟货币行贿更像是一场“技术博弈”。虚拟货币并不是免死金牌，而是一把“双刃剑”，稍有不慎，就会暴露在执法的阳光之下。

（三）利用虚拟货币进行集资诈骗

随着区块链技术的发展，虚拟货币因其匿名性、难以溯源等特征，成为不法分子实施经济犯罪的工具。涉虚拟货币的非法集资、诈骗等新型经济犯罪呈高发趋势，对群众财产安全、金融秩序和社会稳定造成严重威胁。

案例一：

2020年，被告人王某某等人设计了名为GUCS的虚拟币以及关联软件“Wallet Pro”App。王某某等人隐瞒了其锁定GUCS币获取权限和数量的真相，并在成都、德阳、眉山等地大肆鼓吹GUCS币的经济价值和投资前景，以“拉人头”的形式发展下线。最终，2.9万余人“中招”，共计损失17亿余元。而案发后，王某某还通过马某以多种手段掩饰、隐匿犯罪所得来源及性质，实施自洗钱行为。

这是一起涉虚拟货币非法集资和自洗钱的新型犯罪典型案件。法院以集资诈骗罪、洗钱罪数罪并罚判处王某某无期徒刑并处没收个人全部财产。以洗钱罪判处马某有期徒刑八年并处罚金人民币 50 万元。2024 年，四川省高级人民法院二审维持原判，该判决已发生法律效力。

资料来源：成都市中级人民法院网站。

案件二：

2015 年 4 月至 2021 年 2 月，被告人王某某伙同向某某（在逃）等人，先后注册成立和收购北京某互联科技有限公司、大连某科技有限公司、某辽宁医药产业集团有限公司等。

同时，以上述公司名义虚构大量互联网服务器租赁业务、智慧药箱委托经营业务，分别以承诺投资购买互联网服务器用于租赁和投资购买智慧药箱用于委托经营可以获得实际年化收益将近 100% 的超高利润保本返利为诱饵，通过集中授课、网络宣传、口口相传等方式在全国范围内向社会公开宣传，实施非法集资活动。

近 6 年时间，王某某等人共吸收资金人民币 214 亿余元，部分支付了高额返利，其个人还提现消费并大量购置房产、股权、游艇、豪车、钻石、名表等，最终造成 2 万余名被害人损失共计人民币 41 亿余元。为掩饰、隐瞒部分犯罪所得的来源和性质，2021 年 2 月 21 日王某某出逃前后，共委托其前妻王某甲使用非法集资所得人民币 678 余万元购买“虚拟货币”百万余枚，并转入其数字钱包账户内。王某某在逃往境外的途中被抓获归案后，其安装数字钱包 App 的手机被侦查机关依法扣押。

同年 5 月，王某甲在王某某父亲王乙、母亲赵某丙等人的配合下，使用他人身份信息注册“虚拟货币”交易平台网站账户，并利用王某某事前告知的密码转移数字钱包账户内的“虚拟货币”，通过交易变现后赴银行取现，以上述方式转移资金人民币652余万元。

2021年12月31日，大连市检察机关以涉嫌集资诈骗罪、洗钱罪对王某某、王某甲、王乙、赵某丙提起公诉。

资料来源：中华人民共和国最高人民检察院网站。

案件三：

2020年6月，被告人程某、黎某、严某某等人设立“OURBIT数字货币交易平台”（以下简称“欧比特平台”），对外宣称“在新加坡注册”“持有美、英金融牌照”，并打出“全新止盈止损”“首创交易0滑点”等噱头。

该“欧比特平台”是封闭的“用户—平台对赌市场”，与外部平台及国际市场不存在买卖交易。该平台通过数据操控、设置“滑点”、制造“插针”、自制交易程序软件、设置模拟账户、推行高杠杆交易，大幅增加了客户的亏损概率，提升了平台的对赌胜率。“滑点”为计算机术语，是指下单的时间点位和最后成交的点位有差距，进而造成成交价格与挂单价格不一致。而“插针”，则是指在数字货币交易过程中，价格突然出现大幅度、非自然的短暂波动，这种波动往往远超过正常市场波动范围，且持续时间极短，形似“插针”般迅速而尖锐。“滑点”和“插针”既可以由硬件因素引起，如网络延迟、软件系统以及服务器响应速度慢等，也可以由不法分子人为操控后台引起。一般投资者很难分辨，也就给一些不良交易商带来了牟取不正当利益的机会。

本案中，诈骗团伙参照比特币市场交易价格伪造交易K线图，虚构9种虚拟货币交易假象，营造出专业合规的平台形象，诱骗被害人进入平台，进行所谓的虚拟货币投资。

同时，为吸引用户入局，诈骗分子化身投资“老师”，在微信群里活跃发言，频繁晒出盈利截图，安排“托儿”在群里附和，营造轻松盈利的氛围，诱导被害人参与高杠杆投资。

“一开始就爆仓亏损，追加投资后稍有盈利，可平台频繁卡顿，恢复后又开始亏损，还遭遇‘插针’直接爆仓。”被骗300多万元的被害人梁某说，要是知道平台是封闭对赌盘，绝对不会参与其中。

该欧比特平台还设立了产品、商务、技术等多个部门，诈骗过程中，平台各部门、平台与代理间分工明确、配合紧密，形成稳定的犯罪集团。其中，商务部门以高额利益分成、风险共担的模式发展一级代理，为其提供虚拟账户；上级代理再层层发展下级代理，约定分成比例；代理发展客户时，虚构身份、发送虚拟账户盈利截图、预设话术诱导被害人在平台进行“投资交易”。

对于极少数大额盈利客户，平台和代理勾结，采用锁定账号、游说追加投资或直接封禁等方式，让客户血本无归。2020年6月至2021年5月不到一年时间内，该平台共诱骗近3万人参与“投资”，总涉案金额达4.6亿元。

据悉，本案被害人遍布全国多地。经上级法院指定，该案由鄂州市中级人民法院审理。鄂州中院经审理认定，被告人程某等34人以非法占有为目的，通过虚构事实、隐瞒真相的方式骗取他人钱财，涉案数额特别巨大，其行为均构成诈骗罪。法院依法判处34名被告人3~12年不等有期徒刑，并处罚金。

因涉案人数众多、案情复杂，鄂州中院综合考虑被告人的犯罪事实以及在团伙中的角色，将此案分两案审理。目前，两案判决均已生效。

资料来源：湖北省鄂州市中级人民法院。

以上案件均涉及利用虚拟货币进行集资诈骗的犯罪活动。诈骗分子通过虚构投资项目、承诺高额回报等手段，引诱社会公众投资虚拟货币，从而骗取大量资金。法院对此类案件依法进行了审理和判决，对诈骗分子判处了有期徒刑、无期徒刑等刑罚，并处罚金或没收财产。这些案件提醒人们要警惕虚拟货币领域的诈骗活动，切勿轻信高额回报的诱惑，共同维护金融秩序和社会稳定。

（四）利用虚拟货币进行传销

利用虚拟货币进行传销是一种新型的犯罪手段，其本质是以区块链为幌子、以高收益为诱饵的金融诈骗，近年来对社会和金融秩序稳定带来了严重危害。

案例一：

2016 年，高某东在广东省深圳市投资设立从事虚拟数字货币交易所维护等工作的深圳前海博宝科技有限公司。

2018 年，李某兵、王某影等人在 PIUSTOKEN 手机 App 网络传销平台上，从事传销违法活动，后因认为该平台技术不成熟而离开，但掌握了网络传销的犯罪方法，为获取非法利益，预谋与功能相似的 App 平台进行合作，从事网络传销犯罪活动。因此，2018 年 7 月、8 月，李某兵找到高某东，并将王某影及柳某亭（刑拘在逃）介绍给高某东。四人共同商定，开发具有网络传销功能的 App 平台，由高某东负责平台研发，李某兵、王某影等人负责平台的推广。

高某东利用公司技术，聘请技术人员，开发名为 WoToken 的手机 App 网络传销平台，主要负责 WoToken 平台的技术维护、虚拟货币管理、员工工资发放、操纵平台 WOR 币投放等工作。其妻子田某波协助负责数字货币保管、兑换虚拟货币、员工工资发放等工作。李某兵、王某影等人主要负责宣传、培训等职责。

2018 年 7 月至 2019 年 10 月 8 日期间，该平台共注册会员用户数达 71 万人，层级关系为 501 层。经区块链确认，实际吸收的虚拟货币包括：泰达币（USDT）2.86 亿个、比特币（BTC）4.6 万个、以太币（ETH）203.92 万个、莱特币（LTC）29.26 万个、比特币现金（BCH）5.69 万个、基于以太坊的代币（EOS）684.18 万个。至案发，WoToken 平台实际吸收的数字货币被传销活动参与人实际提取：USDT 1.03 亿个、BTC 1.47 万个、ETH 400.71 万个、LTC 8.69 万个、BCH 1.23 万个、EOS 244.48 万个。实际吸收的虚拟货币在 2019 年 10 月 8 日案发当日价值合计约 77.07 亿元。

高某东、田某波在管理 WoToken 平台数字货币期间，提币变现非法获利约人民币 1617 万元、美金 158 万美元；李某兵提币变现非法获利约人民币 2338.9 万元；王某影提币变现非法获利人民币 236 万元，另用提币变现非法获利购买房产 2 套、保时捷轿车 1 辆。

除上述四人犯组织、领导传销活动罪外，根据原审法庭认定，2019 年 10 月 30 日下午，李某民明知李某兵两部手机内有通过犯罪所得的虚拟货币 ETH，仍帮助被告人李某兵转移和隐藏 ETH 49752.3737 个。经滨海县物价局价格认定中心鉴定，ETH 在 2019 年 10 月 30 日的价格为人民币 1299.0779 元 / 个，合计价值约 6463.22 万元。

而自 2019 年 10 月 8 日起，唐某华明知王某影从事组织、领导传销犯罪活动，并且公安机关对 WoToken 平台相关人员进行抓捕，仍为王某影提供住所藏匿，直至王某影被抓捕。

2020年7月22日，江苏省盐城市滨海县人民法院一审判决如下：高某东、李某兵、王某影、田某波犯组织、领导传销活动罪，分别判处有期徒刑8年6个月、7年、7年、2年6个月，并处罚金人民币200万元、150万元、150万元、100万元。李某民犯掩饰、隐瞒犯罪所得罪，判处有期徒刑3年，缓刑5年，并处罚金人民币10万元。被告人唐某华犯窝藏罪，判处有期徒刑6个月，缓刑1年。扣押在案的赃款4.25亿元及孳息予以没收，上缴国库。对高某东、李某兵、王某影、田某波违法所得及孳息，予以追缴，上缴国库。

资料来源：江苏省盐城市滨海县人民法院。

案例二：

2014年下半年，在某网络公司工作的蔡某偶然接触到某网络平台，认为该平台发行的虚拟货币具有极大的“投资价值”。此后7年间，蔡某陆续筹集70万元购买该平台的虚拟货币。为获取高额推广收益，蔡某在全国各地进行“巡讲”，还自费建立宣传网站，发展数万人成为其下线，并引诱他们购买该平台虚拟货币。截至案发，蔡某从该平台获利1.3亿余元。其获取巨额财富的真相，实为以“互联网金融工具”为幌子、以区块链技术为噱头的网络传销。

资料来源：江苏省人民检察院。

案例三：

宿迁法院披露一起以投资虚拟货币理财项目为名的网络传销案，犯罪嫌疑人创建“ACORNS”网络平台，在无实际经营项目的情况下通过发行“ACO”等虚拟币、宣传该虚拟币可以参与理财获得高额回报为诱饵，要求会员缴纳 100 USDT 进行理财为门槛获得静态收益。截至案发，该平台有效充值会员数达 3000 多人，总层级为 33 层，累计吸纳资金近 316 万 USDT。宿城法院经审理认为，以组织、领导传销活动罪判处本案被告人有期徒刑 3 年至 5 年 3 个月不等，并处罚金 10 万元至 17 万元不等。

资料来源：宿迁法院。

以上案例展示了利用虚拟货币进行传销的严重性和法律后果。不法分子通过虚假宣传、承诺高额回报等手段，诱骗投资者参与传销活动，不仅造成了投资者的巨大经济损失，也严重扰乱了市场经济秩序。法院在审理此类案件时，均依据相关法律法规，对犯罪嫌疑人作出了相应的刑事处罚。

（五）涉税案件

由于国内限制比特币交易，所以此部分增加一个国外加密货币交易逃税案例。2018 年，美国得克萨斯州一名男子弗兰克·理查德·阿尔格伦三世因提交虚假纳税申报单、低报 370 万美元的比特币资本利得，被判处两年监禁。阿尔格伦是比特币的早期投资者，2017~2019 年，他使用各种手段隐瞒比特币交易的利润，包括虚报购买价格和使用混币器等工具来掩盖交易。最终，阿尔格伦被判逃税总额超过 100 万美元。为掩盖交易，阿尔格伦采取了多种复杂手段，试图通过使用多个钱包转移比特币、亲自进行线下比特币现金交易，以及使用旨在隐瞒交易者的混币器等方法来掩盖其比特币交易行为。

根据美国税法，所有纳税人都必须在纳税申报单上报告出售加密货币

（如比特币）的任何销售收入、实际收益或损失。此案件是美国首例完全以加密货币为核心的刑事逃税案件，展示了加密货币交易的偷税漏税监管是未来需要面临的问题之一，税务稽查部门需要拥有专业能力追踪加密货币交易缴税。

（六）其他虚拟货币案件

案例一：

深圳前海合作区人民法院对一起涉及虚拟货币工资支付的劳动纠纷案作出判决。案件起源于 2021 年 6 月，原告周某入职数某公司担任高级工程师，称与公司约定月薪 4.5 万元，其中 2 万元通过银行转账，另外 2.5 万元以 USDT 形式支付。2 个月后公司以“技能不符”为由解除劳动合同，但未支付约定的虚拟货币部分工资。法院认定，根据 2021 年 9 月央行等十部门发布的《关于进一步防范和处置虚拟货币交易炒作风险的通知》，包括比特币、以太坊、USDT 在内的虚拟货币不具有法偿性。同时，《中华人民共和国劳动法》第五十条和《工资支付暂行规定》第五条明确规定，工资必须以法定货币按月支付，不得以其他形式替代。最终，法院仅支持了原告关于违法解除劳动合同的诉求，判决公司补付 1 万元赔偿金。该案经深圳市中级人民法院二审维持原判。

资料来源：深圳前海合作区人民法院。

本案例明确了虚拟货币支付工资的非法性，该判决进一步强调了虚拟货币在中国法律框架下的定位，即虚拟货币不能替代法定货币用于支付劳动报酬。该案件提醒用人单位，在劳动合同中约定工资支付形式时，必须严格遵守法律法规，不得以虚拟货币等非法定货币形式支付工资，否则将承担违法责任。

案例二：

梁某莲、朱某甲等合同纠纷案，以虚拟货币代替人民币作为支付手段买卖房屋合同，因违反公序良俗（《中华人民共和国民法典》第一百五十三条第二款）无效。

2019年2月28日，朱某甲（一审被告，上诉人）向舒某（一审原告、被上诉人）询问房屋买卖的相关事项，确认可以虚拟货币"尤某米"代替人民币支付价款，并支付定金500个"尤某米"。2019年3月1日，朱某甲又向舒某支付2500个"尤某米"，舒某出具收据，备注"尤某米货币交易（非人民币）"。舒某由于广州限购政策，没有标的物的房产证，只有购房合同。2019年3月26日，舒某向朱某甲发送微信，表明房屋更名手续费8000元，并表明由其太太梁某莲（一审被告，上诉人）办理即可。2019年3月27日，朱某甲应舒某前一天的要求转账"购房过户更名费"8000元。2019年3月29日，某某公司（甲方）、舒某（乙方、原租赁使用人）、梁某莲（丙方、新租赁使用人）签订《物业租赁使用权人变更协议书》。2019年3月29日，佛山市某某物业管理有限公司（甲方）、舒某（乙方、原物业使用人）、梁某莲（丙方、新物业使用人）签订《物业使用主体变更协议书》，约定：自本协议签订生效起，甲方与乙方于2017年6月27日签订的《溢东广场物业管理协议》项下的"乙方"由乙方变更为丙方。最后，舒某以朱某甲、梁某莲为被告提起诉讼，请求返还购房款46万元。在诉讼中，朱某甲、梁某莲提出反诉，请求将案涉房屋返还给舒某，寻找开发商签订主体变更协议，并请求舒某返还或支付46万元。

一审与二审法院都得出“尤某米”本质上是一种未经批准非法公开融资的代币，其既不具有与货币等同的法律地位，也不能代替人民币（法定货币）在市场上流通使用。二审法院认为“虚拟货币不由货币当局发行，不具有法偿性与强制性等货币属性，不具有与货币等同的法律地位，不能也不应作为货币在市场上流通使用，否则将扰乱经济金融秩序”。所以，二审法院援引《中华人民共和国民法典》第一百五十三条第二款认为双方的交易行为违反公序良俗导致合同无效。

本案的判决符合当前监管政策与司法实践逻辑。虚拟货币的财产属性虽受刑法有限保护（如盗窃可定罪），但其作为支付工具或投资标的的民事行为，因破坏金融秩序而无效。公众需警惕虚拟货币交易的法律红线，避免财产权益陷入“不受保护”的境地。

二、NFT与数字藏品的案例和司法审判思路

NFT的“非同质化”，即不可分割、不可替代和独一无二的特征，使其成为与虚拟物品挂钩，确保其在区块链的世界中“只此一份”的绝佳证明。这就为作品以数字形式进行在线“收藏”和交易提供了便利。然而，随着NFT、数字藏品市场的繁荣壮大，其中的法律问题和利益纠纷也随之暴露，如侵害版权、投资骗局、价格泡沫等。

（一）NFT 案例

案件一：

杭州互联网法院依法公开开庭审理一起发生在 NFT 领域的侵害作品信息网络传播权纠纷案。原告奇策公司享有漫画家马某里创造的“我不是胖虎”系列作品在全球范围内独占的著作权财产性权利及维权权利。原告发现，被告经营的一个“元宇宙”平台上，有用户铸造并发布“胖虎打疫苗”NFT，售价 899 元。而该 NFT 数字作品，与马某里在微博发布的插图作品完全一致，甚至在右下角依然带有作者微博水印。法院判决被告立即删除涉案平台上发布的“胖虎打疫苗”NFT 作品，同时赔偿奇策公司经济损失及合理费用合计 4000 元。二审维持原判。

资料来源：杭州互联网法院。

案件二：

2023 年 7 月 18 日，江西吉安市人民政府发布风险提示公告，指出“华英会领航公会”在峡江分会以 NFT 藏品、股票和期权等“R-meta”数字虚拟资产名义，涉嫌非法传销，诱导群众投入资金。警方和相关部门对该行为展开调查，并初步确认其非法传销嫌疑。类似平台的操作模式通常是在吸收大量资金后突然关闭相关资金盘 App，导致投资人损失惨重。

7 月 19 日，江西新余市公安局渝水分局发布通告，呼吁华英会投资平台新余地区投资受损人进行登记，以便进行全面调查和维护群众权益。涉及的投资受害人众多，警方将从 2023 年 7 月 20 日至 2023 年 7 月 30 日开展相关登记工作。

华英会的计算汇率单位是 USDT，等同于美金，参与金额从最低 500 USDT 到最高 50000 USDT，5 天收益达 7%，日化 1.4% 以上。

据悉，华英会并没有 App 后台，参与者通过打 U 到临时通知地址，并分配一个仅通过投资成为会员后才能注册的社交软件账号。投资者需要推荐好友获取奖励，身份越高奖励越多，升级需不断推荐和购买 NFT 成为更高级的收藏家。多人投入资金后，最初的收益十分可观，但后续无法提现，导致受害者损失惨重。警方已介入调查，并呼吁其他受害人及时搜集证据并向当地派出所报案。而后华英会官网已无法访问，贴吧出现大量账户被封的内容，并且提现被拒。华英会实体公司办公处已人去楼空。

案例来源：峡江县普惠金融服务中心。

案件一明确了 NFT 平台的责任边界，案件首次司法认定 NFT 平台需承担事前审查义务，而非仅事后“通知—删除”，提高了平台的合规成本，同时也规范了作品铸造和交易流程，降低了侵权风险。同时也明确了 NFT 数字作品的铸造、交易涉及对作品的复制、发行和信息网络传播行为，需遵守著作权法的相关规定。

案件二属于利用 NFT 传销案件，传销项目常以“日化 1.4%”“月翻倍”等虚假宣传吸引投资者，需理性判断收益合理性。并通过官方渠道验证合作方真实性，避免盲目信任“权威背书”或“知名系列”噱头。

（二）数字藏品案例

案例一：

2023年2月，安徽省合肥市蜀山公安分局破获了一起以发行“数字藏品”为幌子的诈骗案，抓获7名犯罪嫌疑人，涉案金额200余万元。该团伙通过平台以“空投”也就是赠送的方式或者以低价将其持有的无任何价值的图片在平台上进行定量首发，鼓动普通投资客购买收藏，公司内部保留一部分发行份额在虚拟账号上。之后，公司运营团队通过价格干预、肆意炒作，以掌握内幕、承诺回购、限量发行等骗术造成饥饿营销的假象，诱导投资者争先买入，并在平台开启的二级市场，渲染“数字藏品”的价值，利用投资客“追涨”的心理，鼓动投资客与投资客之间进行交易。

他们还会在平台上策划合成、赠送活动。比如，合成就是让投资客购买指定的几幅画就可以合成出一个新的图片，持有这个新的图片就可以在平台下一次的首发活动中获得“优先购”或者“空投”等权益，通过一系列营销手段渲染图片价值，让投资客对图片的价值产生错误认识，使之在二级市场上的价格不断攀升。

等到藏品的价格被迅速拉高后，该平台公司再将留下来的份额“空投”到自己的自持账号上，冒充投资客将图片以高价挂出，实现高位套现，同时关闭其他投资客的卖出通道，实现诈骗投资客钱财的目的。

7名犯罪嫌疑人目前被依法采取刑事强制措施，案件已进入司法程序。警方核实投资者亏损250余万元，公司非法获利40余万元，后续可能涉及退赃退赔。

资料来源：安徽省合肥市公安局蜀山分局。

案例二：

2023 年 10 月，吴某提议与王某设立“数字藏品平台”。平台建成后，二人打着“产品上链增值”“保本兜底”旗号吸引投资者，还营造了身在海外、精通虚拟产品投资、资金雄厚的人设。众多投资者被说辞和包装蒙骗，注册平台并购买了所谓具有增值前景的“收藏画作”，殊不知这些仅是他们从网上低价买来的“AI 画作”。

2023 年 10 月，李先生看到数字藏品投资圈结识的吴某发布的广告，宣称“产品具有增值前景，承诺保本兜底”。在吴某推荐下，李先生加入了某数字藏品平台投资群，并购入了一幅收藏画作。

因“画作”本身无价值，为吸引更多投资，吴某二人向投资者开放“二级市场”交易，自买自卖营造交易火爆且有增值空间的假象。

投资群内，吴某常常会发放红包，还会分享自己的投资经验。在言语间，李先生得知吴某常年居住在海外，专门投资虚拟币，身家丰厚。看到吴某屡屡展示出的“雄厚财力”,对于这位“高端玩家”的话，李先生更是深信不疑。

“放心买，后面会搞活动，产品一定会升值，就算最后亏钱了，我也会赔偿的。”在吴某的鼓动下，李先生陆陆续续在平台上购买了不少产品。

按照吴某和王某的计划，在收割一拨投资款后，就准备逐步停止操盘，等到投资者不再关注，便注销公司，但平台发售方式混乱、藏品不操盘就跌价，很快引发投资者报案。2024 年 1 月，警方将吴某和王某抓获归案。

经查，2023 年 10 月至 12 月，吴某和王某搭建数字藏品平台，打造资金雄厚的假象，诱骗他人投资。通过虚假宣传 AI 绘制的“数字藏品”增值前景、承诺“半价”保本，诱骗被害人购买首发藏品并至“二级市场”交易。同时，在“二级市场”控制藏品数量和价格，在被害人无法交易要求退款时，切断联系，致被害人共亏损约 180 万元。

2025 年 1 月，经上海市金山区检察院提起公诉，金山区人民法院作出一审判决，以诈骗罪判处吴某有期徒刑八年六个月，并处罚金人民币 55 万元，判处王某有期徒刑七年二个月，并处罚金人民币 50 万元。

资料来源：上海市金山区人民法院。

上述案例揭示了数字藏品的炒作不断，引来投机，造成了数字藏品的虚假泡沫。不法分子以发行“数字藏品”为“幌子”，从事非法集资、诈骗等非法活动。投资者在购买前一定要核实数字藏品的版权来源、艺术价值及市场认可度，并优先选择具备合规资质、背景透明的 NFT 平台。对“高额回报”“保底回购”等宣传保持警惕，避免陷入“庞氏骗局”。

三、游戏资产案例和司法审判思路

随着互联网经济的发展，各种衍生的网络虚拟资产也随之产生。网络虚拟资产的买卖除了参照传统的买卖合同约定进行约束外，也应当考量网络虚拟资产持有的特殊价值属性，在不违反法律规定的情况下，尊重买卖双方的约定，保护守约方，惩罚违约方。

案例一：

黄某是Steam游戏平台的玩家，杨某是从事收购游戏账号并出售的卖家。一天，双方通过微信商谈购买游戏账号事宜，黄某看中绝地求生一个账号里的“柏林”装备，双方约定以41000元的价格购买该账号。购买前，杨某告知黄某系杨某从他人处收购所得，可能会有被原账号主人找回的风险，黄某知晓风险后仍通过微信向杨某支付款项。杨某将案涉游戏账号与黄某的手机号码、邮箱进行捆绑，黄某获得该游戏账号和密码。同时，杨某发送了“买家须知”的相关内容。几个月后，该游戏账号被原主人通过邮箱找回，黄某的手机号码、邮箱无法登录游戏，他便要求杨某将41000元退还给他。杨某认为黄某将案涉游戏账号中高价值的“柏林”装备套现，导致该账号价值贬值，拒绝解除合同。

法院认为，游戏账号和装备作为网络虚拟资产，存在于网络游戏空间，具备一定的价值，在一定条件下亦可进行交易，具有商品的一般属性。故黄某和杨某买卖游戏账号，不违反法律强制性规定，双方之间买卖合同有效。通过两人的微信聊天记录可以反映出，黄某从杨某处购买案涉游戏账号，是因该账号中具有“柏林”等装备（高价值），而非游戏账号本身有价值，故双方才以41000元的价格成交。现黄某主张解除双方之间的买卖合同，因杨某已经将游戏账号交付给黄某，且黄某也支付了对价，故买卖合同已履行完毕，不存在解除合同事宜。本案中，黄某因购买的游戏账号无法登录，要求被告赔偿损失，杨某以黄某违反“买家须知”第9条的约定予以拒绝。法院认为，黄某在购买时便知晓该游戏账号是杨某从他人处收购而来，且黄某作为长期在“绝地求生”游戏中游玩的玩家，明知游戏账号一经注册，原始玩家的邮箱不可变更，案涉游戏账号存在被找回的风险，仍然与杨某进行交易，其应当自行承担该风险。且黄某违反双方约定，将高价值的柏林装备变卖，虽其辩称“柏林”装备是卖给游戏平台获取游戏币，但因该游戏支持玩家将装备上架出售，且黄某在微信聊天中也表示可以将“柏林”装备套回来，故无法排除黄某将装备套现的可能。综上，黄某要求杨某赔付购买款，无法律依据，本院不予支持。遂判决：驳回黄某的诉讼请求。

资料来源：广州互联网法院。

案例二：

2023 年 8 月初，被告人肖某发现甲游戏公司存在远程代码执行漏洞，遂利用该漏洞越权访问至甲游戏公司在阿里云托管的服务器管理平台，非法获取甲公司的登录密钥、服务器私钥、支付源代码等计算机信息数据。随后分析出支付源代码的漏洞，通过非常规的支付流程，在未实际支付相应款项的情况下，多次盗取甲公司网络游戏充值账户内的虚拟货币，并为自己充值游戏钻石。

截至案发，肖某已造成被害单位经济损失共计 29 余万元。肖某被抓获归案后，主动向甲公司赔偿 40 万元，获得甲公司的谅解。

法院经审理认为，被告人肖某违反国家规定，侵入游戏公司的计算机信息系统，获取计算机信息系统中存储的数据，情节特别严重，其行为构成非法获取计算机信息系统数据罪。鉴于其有坦白、认罪认罚、主动赔偿被害单位经济损失并获得谅解等从轻处罚、从宽处理情节，遂依法判处肖某有期徒刑三年，缓刑四年，并处罚金人民币 2 万元。该判决现已生效。

资料来源：广州铁路运输法院。

案例三：

北京的成先生是某款手游的玩家，在玩游戏期间，一共向该手游充值约 20 万元。但随后，该手游运营商发布停止游戏运营的公告，并表示会将游戏玩家历史充值总额的 5% 转移到其他游戏作为补偿。随后，成先生将涉案手游运营商起诉至北京互联网法院，主张涉案手游运营商停止游戏运营的做法，侵害了自己的合法权益。要求其退还尚未使用的虚拟货币 3 万余元，赔偿因终止运营而将失效的游戏服务折合 100 余万元及利息等。被告手游运营商辩称，其终止网络游戏服务运营并无过错，无须承担侵权责任。

本案中，原告成先生主张的游戏财产，具有财产利益的属性，可作为网络虚拟资产，依法予以保护。而被告手游运营商停止运营涉案手游的行为，造成了原告成先生涉案游戏账户内相关网络虚拟资产的灭失。

根据本案查明的事实，被告手游运营商处分上述财产时，既没有法定的权利，也没有经得原告成先生约定的同意，因此主观上存在过错，应当承担赔偿损失等侵权责任。

对于涉案手游停止运营时剩余的游戏货币，手游中的游戏货币由法定货币直接购买获得，在其没有兑换成其他游戏道具前，原告成先生并没有获得对应的服务，所以被告手游运营商应当赔偿对应的人民币金额。

对于涉案手游停止运营时剩余的游戏道具，涉案手游账号中剩余的游戏道具，是原告成先生在游玩过程中取得的，即便涉案手游继续运营，也无法将该部分游戏道具直接兑换成人民币。但鉴于原告成先生已经接受了一定期限的游戏服务，并享受了游戏乐趣，北京互联网法院根据原告成先生充值的全部金额、游戏时间等，酌情确定游戏道具灭失的赔偿金额。

最终，北京互联网法院作出判决，要求被告手游运营商赔偿原告成先生 3 万余元及利息，驳回原告成先生提出的其他诉讼请求。目前该案判决已经生效。

资料来源：北京互联网法院。

在游戏中，虚拟资产可以根据获取来源的不同，分为充值类虚拟资产和非充值类虚拟资产。充值类虚拟资产是指玩家充值后直接获取或兑换的尚未使用的游戏道具。对于充值类虚拟资产，若玩家在受到损失时，尚未享受该财产所带来的回报，则网络游戏运营商有义务将玩家充值的该部分金额予以返还。大家在购买网络虚拟资产时，应当谨慎交易，通过正规交易平台进行交易，充分约定各方的权利义务，以保障此类买卖虚拟资产的交易安全。

四、社交媒体账号及附属权益案例和司法审判思路

数字经济时代，社交媒体在用人单位生产经营中发挥着重要作用，是其对外营销或数据引流的重要工具。在社交媒体的运用实践中，社交网络账号的具体运营通常由员工负责。然而，一旦账号形成一定经济价值时，双方可能会就账号归属问题发生争议。

案例一：

2017 年 2 月 9 日，汤某某入职杭州某网络科技有限公司（以下简称“某网络公司”）从事住宿部内容运营工作。2018 年 3 月，汤某某以其个人信息以及手机号码注册了小红书账号，并曾用该账号对某网络公司的工作内容进行宣传。2019 年 4 月 19 日，某网络公司为汤某某出具《离职证明》，载明汤某某于该日办理完全部离职手续，与公司劳动关系就此解除。后双方因小红书账号管理权限移交问题产生纠纷，某网络公司起诉要求汤某某办理工作交接，向其移交原工作使用的小红书账号的运营管理权限。

浙江省杭州市余杭区人民法院经审理认为，某网络公司出具的《离职证明》显示汤某某已经办理完全部离职手续，案涉小红书账号系汤某某在职期间用其个人信息注册，双方对汤某某离职后该账号运营管理权限的归属及是否需向公司移交无约定，且该账号上除工作内容外，还有较多的汤某某个人信息。遂判决驳回某网络公司的诉讼请求。宣判后，某网络公司不服，提起上诉。浙江省杭州市中级人民法院经审理后，判决驳回上诉，维持原判。

资料来源：这 8 个劳动工伤案例，一起来看！［EB/OL］. 日照人社，2022-01-05.

案例二：

从事短视频推广等工作的周某、吴某、郑某（均为化名）偶然在网络上看到 A 发布的收购 Soul、抖音等网络社交账号的信息，遂商量决定以“中间商赚差价”的方式谋取利益。

周某负责与 A 沟通账号收购价格、验收流程等事宜，吴某、郑某负责运营“下家”QQ 群并从“下家”处收购实名注册账号及对应的密码，整理后出售给 A。

经查明，三人通过上述方式倒卖网络社交账号，非法获利共计 12641.5 元。

法院经审理认为，被告人周某、吴某、郑某违反国家规定，非法获取、出售公民个人信息，情节严重，其行为已构成侵犯公民个人信息罪。同时三个被告人的上述行为，对不特定多数人的人身、财产安全造成严重威胁，损害了社会公共利益，除应受到刑事处罚外，还应依法承担相应的民事责任。

最终，法院判决被告人周某犯侵犯公民个人信息罪，判处有期徒刑六个月，缓刑一年，并处罚金 6000 元；被告人吴某、郑某犯侵犯公民个人信息罪，判处拘役五个月，缓刑五个月，并处罚金 5000 元；判决三个被告共同支付公益损害赔偿金人民币 12641.5 元，并分别就侵犯公民个人信息的行为在省级以上新闻媒体赔礼道歉。

资料来源：文昌政法网。

社交网络账号作为互联网信息的载体，兼具身份属性和财产属性，在特定的职场语境下，其亦可被视为劳动工具。社交网络账号既具有身份属性，也具有虚拟资产属性。在目前的司法实践中，法院通常将社交网络账号作为一种网络虚拟资产权利加以保护。

此外，公民的姓名、身份证号、电话号码、住址等个人信息属个人隐私，非法获取、出售个人信息，会被追究相应的法律责任。广大群众在享受互联网“大数据”带来的诸多便利的同时，也要加强安全防范意识，注意信息保护，不轻易将个人信息提供给无关人员，以免给不法分子提供可乘之机。

第四节　罚没虚拟资产管理处置

本章所分析的罚没虚拟资产，是指公安部门在打击利用虚拟资产进行违法犯罪（如洗钱、诈骗、非法集资等）时，依法收缴涉案虚拟资产。虚拟资产犯罪往往参与人数多、涉案金额大，如果不能及时妥当地将涉案财物进行变现处置，常常会引起信访维稳风险。因此，为维护涉案当事人合法财产权益，有效推进案件办理，对涉案虚拟币进行合理处置显得尤为重要。根据当前法律规定及司法实践，我们对罚没虚拟资产处置有关情况进行了梳理。

一、罚没虚拟资产处置的法律依据

（一）一般性法律法规

《中华人民共和国刑事诉讼法》第一百四十四条规定，人民检察院、公安机关根据侦查犯罪的需要，可以依照规定查询、冻结犯罪嫌疑人的存款、汇款、债券、股票、基金份额等财产。第二百四十五条规定公安机关、人民检察院和人民法院对查封、扣押、冻结的犯罪嫌疑人、被告人的财物及其孳息，应当妥善保管，以供核查，并制作清单，随案移送。对被害人的合法财产，应当及时返还。对违禁品或者不宜长期保存的物品，应当依照国家有关规定处理。

《最高人民法院关于刑事裁判涉财产部分执行的若干规定》第二条明

确规定，刑事裁判涉财产部分，由第一审人民法院执行。第一审人民法院可以委托财产所在地的同级人民法院执行。第一条规定了刑事裁判涉财产部分执行的范围，包括罚金、没收财产、责令退赔、处置随案移送的赃款赃物、没收随案移送的供犯罪所用本人财物等。

（二）专门性规定

《罚没财物管理办法》规定，财政部负责制定全国罚没财物管理制度，指导、监督各地区、各部门罚没财物管理工作。该办法规定执法机关依法取得的罚没物品，除法律、行政法规禁止买卖的物品或者财产权利、按国家规定另行处置外，应当按照国家规定进行公开拍卖。

《关于进一步防范和处置虚拟货币交易炒作风险的通知》规定，虚拟货币相关业务活动属于非法金融活动，一律禁止。但对于虚拟货币本身是否禁止买卖未明确规定，不过在处置罚没虚拟资产时，需要考虑该通知的相关要求。

《公安机关办理刑事案件程序规定》第二百三十七条规定，公安机关根据侦查犯罪的需要，可以依照规定查询、冻结犯罪嫌疑人的存款、汇款、证券交易结算资金、期货保证金等资金，债券、股票、基金份额和其他证券，以及股权、保单权益和其他投资权益等财产，并可以要求有关单位和个人配合。第二百四十六条规定，对冻结的债券、股票、基金份额等财产，应当告知当事人或者其法定代理人、委托代理人有权申请出售。

二、实践中罚没虚拟资产的处置机构

根据《最高院财产处置规定》第一条：本规定所称刑事裁判涉财产部分的执行，是指发生法律效力的刑事裁判主文确定的下列事项的执行：

（1）罚金、没收财产；（2）责令退赔；（3）处置随案移送的赃款赃物；（4）没收随案移送的供犯罪所用本人财物；（5）其他应当由人民法院执行的相关事项。在实践中，由于虚拟资产已经被广泛用于帮助掩饰隐瞒犯罪所得、洗钱、电诈和开设线上赌场等犯罪活动，我国司法机关收缴、罚没了数额极为惊人的涉案虚拟资产，特别是虚拟货币，但处置却成为棘手问题。一方面，根据财政部公布的《罚没财物管理办法》第十七条规定，虚拟资产（特别是虚拟货币）作为一种"限制流通的罚没物品"应当进行特殊处理："属于国家规定的专卖商品等限制流通的罚没物品，应当交由归口管理单位统一变卖，或者变卖给按规定可以接受该物品的单位"。另一方面，受限于我国2021年央行等十部门发布的《关于进一步防范和处置虚拟货币交易炒作风险的通知》，当前在我国国内，所有的"虚拟货币相关业务活动属于非法金融活动"。在没有专门针对虚拟资产处置规定出台的情况下，实际上我国当前并不存在虚拟资产"归口管理单位"或"按规定可以接受该物品的单位"，因此，对于上述明确作为涉案财物予以罚没的虚拟资产，我国在实践中同时存在着三种不同的主体来牵头处置的模式。

实践中发现，当前有不少地区（特别是东南地区）对于虚拟资产的处置以财政部门为主导。根据财政部《罚没财物管理办法》第五条规定："财政部负责制定全国罚没财物管理制度，指导、监督各地区、各部门罚没财物管理工作……地方各级财政部门负责制定罚没财物管理制度，指导、监督本行政区内各有关单位的罚没财物管理工作……"可见，按照法律规定，中央/地方财政部门在涉案财物处置流程中的角色，应当是制定规范并指导、监督。如按文义理解，其实财政部门可否直接下手处置存在一定的争议，但由地方财政部门牵头，组织各部门对虚拟资产这种特殊资产进行处置，也是符合当前处置形势的选择之一。

2017年至今，我国对于涉案虚拟资产的处置实际上是以公安机关为主。根据公安部《公安机关涉案财物管理若干规定》第二十条第三款规定："人民法院作出有罪判决，涉案财物由公安机关管理的，公安机关应当根据人民法院的生效判决，对涉案财物作出处理。人民法院的判决没有明确涉案财物如何处理的，公安机关应当征求人民法院意见"，因此公安机关有权处置。实践中，公安机关对于小额或涉案金额不大的个案进行处置确实有一定的经验，但是承担县市一级的大宗虚拟资产集中处置同样存在摸着石头过河的情况。

目前，南方部分沿海经济发达地区司法部门正在试点推行法院执行局直接处理涉案虚拟资产，将会指定某基层法院归口管理本市所有涉案虚拟资产并统一处理。从实践中看，该种处置模式尚未大面积铺开，我们认为这与虚拟资产处置路径不明有关，法院执行局在调用处置资源的灵活性上不如财政和公安部门。

虚拟资产中，虚拟货币相比于其他资产的性质有所不同，司法处置路径也相对特殊。前文也提到，虚拟币是否具有财产属性，一直是这几年争论的焦点，2025年6月，《人民法院报》发布一篇名为《刑事涉案虚拟货币处置：挑战、创新与司法担当》的文章，或许为我国开展涉案虚拟货币处置定下了官方的基调，提供了指引和参考。文章中两个核心观点，可能直接解决了目前虚拟货币涉案领域的两大难题。一是明确指出"虚拟货币具有相应的财产属性，在司法实践中已基本形成共识"。这就解决了虚拟货币财产属性未被完全认可，导致虚拟货币被盗后立案难的问题，即虚拟货币可以构成法律意义上的财产，受刑法保护。二是为涉案虚拟货币处置提供了可以探索的路径和渠道。具体有两条路径，

第一条：可以探索在人民银行、外汇管理等部门备案、监管下，委托有资质的第三方机构，在境外虚拟货币合法的司法管辖区，如中国香港，通过合规持牌交易平台，将虚拟货币按照市场价格兑换为法定货币，在境外变现后，参照国家外汇管理局《关于人民法院在涉外司法活动中开立外汇账户及办理外汇收支有关问题的函》的规定办理。这一套流程基本上从宏观角度界定了虚拟货币合规处置的合法路径。第二条：对被用于犯罪，且危害国家安全的隐私币等特殊虚拟货币，可以转移至无法提取的地址进行永久销毁（即黑洞地址）。这条路径为处置涉恐、涉诈等高风险资产也提供了一个合理的解决方案。

总结来看，文章重申了虚拟货币具有财产属性这一基调，从宏观角度给出了处置涉案虚拟货币并变现的合规渠道，迈出了涉案虚拟货币处置的重要一步。

三、国外罚没虚拟资产处置方式

（一）美国：司法拍卖与“战略储备基金”制度

1. 公开拍卖

司法拍卖是指执法部门（如美国法警局 USMS）将民事或刑事诉讼中没收的虚拟资产（如比特币、以太坊）通过公开竞价出售，变现后上缴国库或用于特定法律程序，如赔偿受害者或补充执法预算。公开拍卖处置存在一定的局限性：一是效率问题。美国拍卖周期通常为 6~12 个月，周期较长，期间受市场流动性或虚拟货币价格波动影响导致流拍率较高。二是价值损耗。美国政府曾因过早拍卖比特币，后来比特币涨幅很高，损失了数亿美元的潜在收益。

2. 战略储备基金

特朗普政府于 2025 年 4 月签署的行政命令，建立“联邦比特币储备”，罚没的比特币直接转入联邦储备，不再向公开市场抛售，赋予其“国家储备资产”地位。部分州已先行尝试，如宾夕法尼亚州、得克萨斯州等已推出州级战略储备法案，将比特币纳入州财政储备，以吸引加密投资和创新。

（二）欧盟：跨境协作与 MiCA 监管框架

欧盟对罚没虚拟资产的处置依托于《加密资产市场监管法案》（MiCA）建立的统一框架，成员国监管机构强制数据共享及证券和市场管理局（ESMA）的跨境协调，构建了罚没虚拟资产处置的完整链条。

如德国 BaFin，作为德国联邦金融监管局，BaFin 与欧洲央行共享金融机构监管信息，包括资本金、流动性数据及涉虚拟资产案件的交易记录、钱包地址等关键数据。ESMA 建立了中央数据库登记罚没虚拟资产，协调各国分配比例。对稳定币等系统重要性资产，ESMA 可直接干预清算流程，确保储备资产优先偿付用户；对于高风险资产（如与混币工具 Tornado Cash 相关的隐私币）或无法合规处置的资产，可能被销毁或永久冻结。

（三）新加坡：金融科技导向的创新处置

新加坡金融管理局（MAS）对罚没虚拟资产按属性分类处置：一是证券型代币，依据《证券期货法》强制发行方赎回或通过持牌交易所合规拍卖。二是支付型代币（如 BTC、ETH），通过授权平台以原生形式拍卖。三是国库储备试点，少量高价值资产探索转入战略储备，动态对冲法币贬值风险。四是高风险资产（隐私币、混币工具），通过节点共识冻结后触发销毁合约。

新加坡的创新处置在于罚没收益反哺技术开发的机制。如 MAS 通过司法拍卖、协议转让等方式处置罚没虚拟资产，所得收益部分注入反洗钱技术研发基金，通过罚没收益驱动的反洗钱技术投入，成功将 Fly Wing 等 MPI 牌照机构打造为链上追踪能力的创新引擎。

四、我国罚没虚拟资产的处置方式选择和探索

本书根据罚没虚拟资产的价值、类型等特征，将罚没虚拟资产分为可流通、限制流通、禁止流通类虚拟资产，可根据不同类型选择不同的处置方式，实现虚拟资产变现或保存增值。

（一）可流通类虚拟资产

根据财政部《罚没财物管理办法（2021）》第十六条“除法律、行政法规禁止买卖的物品或者财产权利、按国家规定另行处置外，应当按照国家规定进行公开拍卖”。目前，我国网络虚拟资产、数字艺术品等罚没虚拟资产可依此法进行直接处置，司法等部门可以依托公安机构，通过公开招标或网络竞价等方式，以最大限度发挥产权市场发现投资人、发现价格等的功能优势，公开广泛征集意向方以形成合理价格。

（二）限制流通类虚拟资产

财政部印发的《罚没财物管理办法（2021）》第十七条规定：“属于国家规定的专卖商品等限制流通的罚没物品，应当交由归口管理单位统一变卖，或者变卖给按规定可以接受该物品的单位。”目前，虽没有明确规定虚拟资产是否纳入其中，但我们可以把金融类 NFT 中某些金融机构、企

业等发行的代币，元宇宙虚拟资产等类型中的部分，依照相关规定，纳入限制流通的专卖物品范畴之内。实际处置中，这类虚拟资产的处置可进行归口管理，以实现罚没虚拟资产的处置变现。

其中涉及境外部分的虚拟资产，按照国内法律法规，无法在国内交易平台、交易所或机构进行交易，只能委托给境外相关合规机构进行变卖。一是在国内集中到某一部门机构，由其遴选合规的机构、平台等单位，建立白名单制度，最终统一变卖。二是采取“霍尔果斯”模式，由归口管理的单位统一委托给霍尔果斯数字虚拟资产平台来变卖，以降低处置的成本和便于国内各部门的监督。

（三）禁止流通类虚拟资产

加密货币等虚拟资产禁止在国内进行交易、流通，因此对于它们的处置需要多措并举、因地制宜分类处置，如采用技术销毁、司法裁定永久冻结或域外执法协助。一是像空气币类的虚拟资产，采取技术销毁处置。这些虚拟资产价值极小、交易范围极窄、在有限地区的交易平台或机构上才可进行交易。此类罚没虚拟资产的处置，成本高昂，可在终案后进行技术销毁。二是对于像比特币、以太坊等罚没虚拟资产中价值大、数量多、域外流通范围广的虚拟资产，我国相关地方已有实践探索，具体如下所示。

案例：

国内罚没资产处置模式探索——北京模式

一是处置模式的核心内容。根据北京市公安局法制总队的文章，北京市公安局与北京产权交易所（以下简称“北交所”）达成合作，签订《涉案虚拟货币处置业务合作框架协议》，首先由北京市的公安机关将涉案虚拟货币实物委托给北交所处置；其次，北交所接受委托后，选定第三方对涉案虚拟货币进行检测、接收、移交等操作，并通过香港合规持牌交易所（如 OSL Exchange、HashKey Pro）公开变现出售，将虚拟货币处置变现为法币；最后，在履行国家外管局审批后，将变现资金结汇后转入公安机关专户。并且，此种模式已在北京市公安局顺义分局办理的一起涉案虚拟货币处置案件中得到应用。

二是与传统处置模式的对比。回顾我国虚拟货币司法处置的历程，经历了多个阶段。早期，在 2018~2021 年，司法机关对于司法扣押的涉案虚拟货币处置变现大多直接通过交易所的场外 OTC（U 商）、私人等进行变现。但这种方式存在巨大的合规风险，容易被不法分子利用进行洗钱活动。后来，在 2021 年 9 月至 2023 年，基于“9.24 通知”中禁止在中国内地进行虚拟货币和法币兑换业务的规定，国内原则上不再进行虚拟货币的处置变现活动。一些第三方处置公司通过在境外处置变现后，再将变现资金通过结汇的方式入境支付给司法机关，但其中存在虚假结汇等不合规操作。而如今的“北京模式”，与以往有着本质的区别，它通过与北交所合作，借助香港合规持牌交易所，构建了一个相对完善、合规的处置闭环。

三是“北京模式”的关键细节与优势。（1）全程提供技术支持与安全保障。公安部第一研究所为“北京模式”提供了全程技术支持，其下属的全资子公司北京中天锋安全防护技术有限公司（以下简称“中天锋公司”）具体负责相关工作。在处置流程中，对每一个环节都进行录音录像，确保整个过程的安全合规。这一举措极大地增强了处置过程的透明度和可信度，无论是对于司法机关内部的审查，还是对于可能面临的外部监督，都提供了充分的证据支撑。通过技术手段，对虚拟货币的流转、交易等环节进行实时监控，有效防止了虚拟货币被盗取、篡改等风险，保障了涉案资产的安全。（2）银行体系与清算系统的协作。和中天锋公司合作处置的银行是中信银行体系，包括中信银行北京分行，以及中信银行下属香港分支机构、香港信托机构和非银金融机构等。由于银行只能进行银行间的业务往来，不能作为机构直接到香港交易所开户进行处置操作，所以信托机构等非银机构参与其中。中天锋公司和中信银行合作开发了“虚拟货币处置回流清算系统”，目前该系统已经在公安内网部署上线，并已报人民银行与外管局备案批准。这一系统的建立实现了虚拟货币处置资金的快速、安全回流，并且通过与银行体系的深度协作，确保了资金流转符合金融监管要求，为整个处置流程提供了稳定的资金清算保障。（3）可复制性与推广价值。北京市公安局与北京产权交易所的合作并非个例，苏州市公安局与当地国资公司苏州币达数字资产服务中心合作，也采用了类似的模式。这充分说明该模式具备较强的可复制性，能够在不同地区根据当地的实际情况进行灵活调整和应用。这种可复制性对于全国范围内的涉案虚拟货币处置具有重要的推广价值，有助于推动各地司法机关在虚拟货币处置上形成统一、规范的操作流程，提升整体的司法效率和合规水平。

资料来源：北京市公安局执法办。

五、面临的风险和挑战

（一）处置前扣押、保管难的问题

一是在虚拟资产司法处置前，首要瓶颈集中于扣押与保管主体选择难。涉案虚拟资产因具备跨区、境流动属性和多样化犯罪工具特征，其扣押管理可能涉及单一司法辖区内多个执法部门或多个地区的多个执行机构或部门。且当前我国法律体系尚未明确建立针对虚拟资产罚没处置的专门管理机构，扣押后的保管存在制度空白，如由委托的第三方来保管，则可能引发新的安全隐患。这种扣押与保管主体选择困境的现状，直接制约着虚拟资产处置工作的规范化推进。二是罚没虚拟资产扣押环节关键权限获取难。由于虚拟资产交易链条常涉及境外加密货币交易所或去中心化钱包服务，当涉案人员、第三方平台及相关技术方拒不配合提供私钥、账户控制权限等关键要素时，将直接导致资产冻结程序无法启动，形成“看得见却管不住”的监管盲区。三是罚没虚拟资产保管技术难。与传统实物资产不同，虚拟资产以数字形式存在，需通过专业技术手段构建加密存储体系，其技术架构的复杂性对执法部门的技术适配能力提出更高要求，若存储系统存在安全漏洞，极易引发资产转移风险。且不同类型虚拟资产的市场价格波动较大，部分加密货币日波动率超 30%，这对资产分类保管策略提出挑战。

（二）罚没虚拟资产认定及处置时机选择问题

一是罚没虚拟资产的属性认定及价值评估存在法律争议。游戏等网络虚拟资产的财产属性已获法律认可，但加密货币等仍存争议；价值形态认定缺乏统一标准，包括直接执行、变现或混同处置；且评估标准缺失使得销毁、执行后上缴国库或返还受害人等方式选择难以确定；因价格上涨出现的增值部分处理方式（上缴国库或返还受害人）法律也尚未明确。二是罚没虚拟资产的计价难问题。罚没虚拟资产价格波动大、隐蔽性强、匿名性高且数字化特征显著，计价方式争议较大。实践中常用六种方式确定价值：按被害人获取成本、销赃金额、犯罪时市价均价、违法情节评估、判决时市价或第三方机构评估。然而，目前尚未出台明确操作指引，导致具体采用何种计价标准缺乏统一规范，亟待法律进一步明确。三是罚没虚拟资产处置时机难。因虚拟资产类型多，其中一些资产价值波动大，诉前、诉中、诉后处置时机对资产保值有重要影响。诉前及时处置可避免之后价值大幅波动，提高司法效率，但可能面临法律争议。诉中则可根据市场变化调整处置策略，但诉讼时间长，价值变动风险高。诉后判决后处置可确保法律权威和公正，但拖延可能导致价值涨跌，增加市场风险。因此，选择最佳处置时机尤为重要。

（三）罚没虚拟资产处置具体执行中存在的问题

一是罚没虚拟资产处置形式选择难。目前存在四种处置形式，直接以虚拟资产形式处置、变现后以现金等方式处置、采取模糊表述方式处置（从案件上看，多表述为“依法处置罚没资产”，不明确具体处置形式）和采取变通方式处置（特定情况下，为规避法律、技术或市场障碍而采取的非传统处置方法）。在实际操作中，具体选择哪种处置方式，需要相关部门协同配合，甚至需要委托专业机构进行评估后才能最终确定。二是罚没虚拟资产处置机构选择难。对于公检法直接执行的范围较为模糊。尽管《罚没财物管理办法（2021）》有规定，但虚拟资产类型多样，哪些适合司法机关直接变现缺乏操作细则，且需应对价值波动风险。对于第三方机构处置面临多重困境。国内法律禁止虚拟货币交易，导致合法变现平台缺失，委托处置可能涉嫌非法经营；同时，第三方机构存在私钥管理风险、资金来源监管漏洞，可能参与洗钱、炒汇等违法活动，且 5%~10% 的高额中介费可能滋生腐败。对于被告人自行处置监督难度大。自行出售存在隐瞒价值、与执法人员共谋、引发新资金来源不明等风险，加剧处置透明度难题。

此外，罚没虚拟资产处置主导权存在争议。首先，可流通资产处置主体不明。对于网络虚拟资产、数字艺术品等国内可流通资产，是公检法直接交易拍卖，还是由多部门联合机构统一处置，受执行部门或地方利益掣肘，主导权归属难定。其次，限制流通资产处置方式存在分歧。部分网络虚拟资产、金融类 NFT 等限制流通资产，是否需设立专门机构或平台集中处置，受“谁控制谁处置”传统思维局限，分散处置与统一管理之争激烈。最后，禁止流通资产控制手段缺失。加密货币等禁止流通资产，若无违法者或国外平台配合，公检法难以掌控，且资产种类多、分散于不同交易所，处置控制难度大。

（四）罚没虚拟资产处置的监管问题

一是罚没虚拟资产处置面临法律监管依据缺失的突出问题。针对加密货币、金融类代币及 NFT 等核心争议资产，现行法律框架缺乏针对性规范，主要依赖传统资产法规进行类推适用。例如，央行等九部门《关于进一步防范和处置虚拟货币交易炒作风险的通知》虽否认虚拟货币的法定货币地位，但通过打击非法金融活动间接承认其财产属性；财政部《罚没财物管理办法（2021）》则将其归入“其他财产权利”范畴。这种模糊归类导致全国缺乏统一处置标准，同类案件在不同地区可能适用不同监管规则，甚至出现“同案不同判”现象，显著加剧了处置争议与执法风险。二是罚没虚拟资产处置的部门协同监管面临重大挑战。由于虚拟资产具有跨地域、跨国界的特性，其处置涉及多个部门和地域的机构。目前，由于缺乏统一的监管框架和协调机制，各部门在处置过程中可能因利益冲突或信息不对称而难以形成合力，从而影响处置效率和效果。三是罚没虚拟资产处置面临技术监管难题。作为数字化资产，缺乏专业人才与专职机构，扣押、保管、处置全流程存在技术短板，难以全方位监管，易滋生新违法行为，造成资产损失与安全风险。

六、启示与建议

针对罚没虚拟资产在处置时间、环节、方式、监管中遇到的问题，必须在制度上给处置主体明晰的实体赋权和形成完整的处置程序，以实现罚没虚拟资产处置的有效变现，确保受害人利益和国有资产的保值、变现及其安全。下面，对罚没虚拟资产处置中的问题提出系统性的对策。

（一）应对制度体系建立完善的对策

一是明确制度牵头主体，由最高人民法院、最高人民检察院、公安部、财政部、中国人民银行、国家发展改革委、证监会等核心部门联合主导，组建专项立法工作组，确保制度设计的权威性与跨部门协调性。二是制定《虚拟资产罚没与处置管理条例》作为专项行政法规，或推动在《中华人民共和国刑法》《中华人民共和国刑事诉讼法》《中华人民共和国行政强制法》等上位法中增设专门条款，确立虚拟资产作为“财物”的法律属性，明确其可被依法罚没的法律地位，彻底解决法律依据缺失问题。三是构建灵活的处置相关制度与标准化操作流程。明确多元化、差异化处置规则，探索在严格监管下的创新处置，并进一步建立跨境协作机制。同时，创设标准化操作流程，建立如扣押保管技术标准、变现后上缴国库的区块链存证路径及虚拟资产价值评估体系。

（二）应对扣押、保管问题的对策

一是设立专门的涉案虚拟资产管理机构，作为唯一法定机构统一负责全国范围内司法、行政机关罚没虚拟资产的收缴、扣押、保管、登记等核心职能。建设处理虚拟资产数据的专用基础设施，制定《虚拟资产保管操作指引》，并通过专业化分工实现资产所有权与监管权分离。二是推行全国统一的虚拟资产扣押账户体系，将涉案资产划转至专用账户或国家级产权托管平台，既可确保执法部门对罚没虚拟资产的全流程管控，又能通过专业机构的技术防护，有效阻断违法者或黑客通过私钥窃取、链上攻击等手段转移资产的风险，最大限度保障资产安全。

（三）应对处置机构选择的对策

一是建立严格的准入机制，严把“入口关”，优先遴选在境内合法设立并运营，且具备虚拟资产相关服务资质的专业机构。例如，霍尔果斯等特定区域设立的数字资产产权处置中心，这类机构在合规框架内积累了特定资产处置经验。同时，鼓励财政部牵头或委托实力雄厚、信誉良好的大型国有企业设立专门化的虚拟资产处置机构。这类“国家队”机构在政策理解、国家利益维护、风险内控方面具有天然优势，能有效规避国内法律敏感地带。审慎引入境外成熟金融中心（如中国香港、新加坡、瑞士等）持牌且受严格监管的虚拟资产交易所或专业托管/清算机构，确保其承诺遵守中国法律及处置要求。二是制定明晰的全流程权责清单，明确第三方机构在承接业务后的资产评估环节、处置执行环节、跨境清算结算环节的全生命周期责任。并建立公开、合理、可审计的费用核算与支付体系。三是建立白名单制度。由财政部、司法部、央行（或国家金融监督管理总局）等相关部门牵头，组织专家委员会，制定量化的白名单准入评估标准。综合评估第三方合规资质、专业能力、跨境处置经验、风险抵御能力及市场信誉与行业地位等。并对“白名单”实行动态管理，对已纳入的机构，持续监控、年度评估与不定期抽查。

（四）应对认定、处置时机的对策

根据罚没虚拟资产的类型确定差异化处置时机。根据罚没虚拟资产价格波动情况，建议在财政部《罚没财物管理办法（2021）》中增设针对性条款，对计价规则和处置时机予以明确规范。一是对于高波动的虚拟资产，关键计价时点应明确为“嫌疑人实施犯罪行为之时”，而非被害人购买或持有之时。应赋予公检法等执行部门在案件审结前可提前变现的裁量权，最大限度地保障涉案资产价值不受损失，为后续的退赔、上缴国库或返还合法持有人提供坚实的价值基础。二是对于价格相对稳定、锚定机制明确的虚拟资产，可以延续传统罚没财物的处置流程，即在案件终审判决生效后，由公检法等相关部门按照既定程序进行统一的评估、拍卖或移交处理。三是对于市场价值极低、流通性极差，或者处置成本远高于其本身价值的虚拟资产，可以直接授权执行部门根据法律程序进行技术销毁、永久封存或探索其他符合技术特性且成本可控的经济处置方案。

（五）应对处置具体执行的对策

一是构建全国统一、高效协同的罚没虚拟资产处置网络信息平台。考虑到虚拟资产罚没处置工作具有鲜明的跨地域性、跨部门性和技术复杂性。传统的线下、分散处置模式不仅效率低、成本高，更面临信息割裂、流程不透明、监管滞后、风险难控等系统性挑战。这就亟须构建一个覆盖全国、权责清晰、流程规范、安全可控的全国统一的罚没虚拟资产处置网络信息平台，各省可设立地方子平台，支持罚没虚拟资产统一登记与溯源、信息集中披露与共享、处置任务分发与协同、交易与权益保障机制，推动罚没虚拟资产管理工作迈向标准化、智能化、透明化。二是构建清晰、安全、高效的罚没虚拟资产变现机制与闭环资金流转体系。建议在财政部《罚没财物管理办法（2021）》中，增设专门章节，系统性地明确变现机制和路径，如权属清晰虚拟资产的依法优先返还、高波动性虚拟资产的及时变现与国库归集、具有战略或保值价值虚拟资产的国库专业化管理（政府虚拟仓）、无主或低值虚拟资产销毁或者公益化处置（资金流向需高度透明并接受审计监督）。

（六）应对监管问题的对策

一是利用全国统一的罚没虚拟资产处置网络信息平台，集中接收各办案单位移交的虚拟资产后，平台将进行标准化、精细化的登记建档。通过构建集成化数据库，详细记录资产类型、数量、钱包地址、私钥保管方式、关联案件信息等核心数据，实现对涉案虚拟资产从扣押、移交、保管、评估到处置的全生命周期数字化管理。平台对每个环节的操作痕迹、状态变更和权责流转进行全程留痕与实时监控，确保处置工作在透明、可追溯的环境下阳光化运作，有效防范风险。二是为强化罚没虚拟资产全流程监管，建议在财政部《罚没财物管理办法（2021）》中增补专门条款。细化从扣押、接收、入库登记、专业保管、处置执行到最终上缴国库等各环节的操作规程与监督要求，并设定严格的时效节点，防止拖延导致资产贬值或风险累积。完善聘请区块链等专业技术人员参与维护、评估的依据与资质标准，为监督提供专业支撑。三是加强与域外处置虚拟资产的国家和国际组织等合作。强化与域外国家、国际组织、交易平台或交易所等的合作，推动域内外的信息沟通、司法互助，增强域外罚没虚拟资产处置的执法能力，以提高罚没虚拟资产的处理和追回效率。

第五节　虚拟资产法治化风险和挑战

一、法律空白或地位模糊

在我国，虚拟货币的法律地位尚未明确。现行法律仅将其定义为“特殊互联网商品”，但在民事与刑事认定上存在分歧。这导致在司法实践中，对于涉及虚拟货币的犯罪行为难以准确适用法律条款进行定罪量刑。且法律的制定和修订需要一定的时间和程序，难以跟上技术发展的步伐。这导致司法机关在处理涉及虚拟货币的案件时，可能缺乏相应的法律依据。

例如，我国现行法律体系中，针对虚拟货币洗钱的专门规定尚不完善。虽然《中华人民共和国刑法》第一百九十一条对洗钱罪有明确规定，但如何具体将利用虚拟货币洗钱的行为纳入其中，司法实践中仍存在争议。

例如，我国现行法律体系中，针对利用虚拟货币行贿受贿的具体规定尚不完善。虽然《中华人民共和国刑法》对行贿受贿行为有明确规定，但如何界定虚拟货币作为行贿受贿的手段，在法律上尚存争议。由于虚拟货币的法律地位尚未明确，其是否属于“财物”范畴，能否作为贿赂的标的，在司法实践中可能引发争议。

例如，法院在审理涉及 NFT 和数字藏品的案件时，往往面临适用法律上的困难。NFT 交易是否受传统《中华人民共和国物权法》《中华人民共和国合同法》《中华人民共和国证券法》的规制，这些问题在司法实践中尚存争议。例如，账户类虚拟资产在法律上的定义尚不清晰，其法律属性、所有权归属等问题存在争议。

二、证据收集与量刑标准的模糊

一是随着虚拟货币技术的不断发展，犯罪分子利用虚拟货币进行集资诈骗、洗钱等犯罪活动的手段日益多样化。这些新型犯罪手段涉及复杂的金融交易和技术操作，给司法机关的调查取证和案件定性带来了巨大挑战。二是虚拟货币交易具有匿名性、跨境性和去中心化等特点，也导致证据收集困难。交易记录存储在区块链上，难以直接获取。例如，行贿受贿双方可能通过加密技术隐藏交易记录，或者利用虚拟货币钱包的匿名性进行交易，导致司法机关难以获取直接证据。再如，在传销案件中，犯罪分子往往利用这一特点，通过虚构项目、夸大收益等手段吸引投资者，然后迅速转移资金，导致司法机关在调查取证时面临巨大困难。由于虚拟货币案件的复杂性和新颖性，司法实践中对量刑标准的把握可能不够统一，影响司法公正。

三、受害者认识不足且分布广泛

一是投资者风险意识不足。由于缺乏详细的知识普及和用户教育，许多投资者对虚拟资产认识不够，容易被不法分子所欺骗。他们可能在不了解其风险的情况下盲目跟风投资，导致巨大损失。二是市场教育普及不足。目前，市场上关于虚拟资产的教育和普及工作还远远不够，导致投资者对虚拟资产的理解存在偏差和误解。三是受害人的分布广泛难以追寻。利用虚拟货币进行的集资诈骗、传销往往涉及众多受害者，且这些受害者分布广泛，难以统一识别和联系。这使得司法机关在维护受害者权益时面临巨大挑战。

四、执法难度大

虚拟货币具有去中心化交易的特点，导致涉案线索发现和追踪较为困难。匿名技术阻碍身份锁定，链下行为和链上证据被割裂。区块链技术的复杂性和专业性，要求司法人员既具备较高的技术素养，以追踪和分析虚拟货币交易记录，也需具备各专业领域的技术知识。同时，虚拟资产犯罪往往涉及跨境交易，需要国际司法协助。然而，不同国家间的法律差异、司法程序和价值认定标准不同等因素，增加了跨境协作的难度。

第六节　启示与建议

一、完善法律顶层制度设计

可考虑细化《中华人民共和国民法典》第一百二十七条，明确虚拟资产的继承、分割和交易规则，解决司法实践中的权属争议。探索研究制定虚拟资产管理相关法律，明确虚拟资产的分类（如虚拟货币、NFT、游戏道具等）、法律属性（物权、债权或新型财产权）及保护范围。

二、优化司法认定和相关技术标准

一是明确刑事认定规则。通过司法解释将虚拟资产明确为“刑法意义上的财物”，统一盗窃、诈骗等罪名的适用标准。引入“链上数据分析”作为涉案金额计算依据，与专业机构（如 Chainalysis）合作提升跨境取证能力。二是构建“横向协作、纵向联动”协同机制，公安和金融部门联合办案，检察院、法院提供案例指导库共享，司法部和工信部推进法律和技术标准互认等。中央层面要制定统一政策规定，省级层面可建立专项合议庭，地市级以下应配备链上取证工具。三是参与国际标准制定。推动在 G20、反洗钱金融行动特别工作组（FATF）等框架下建立虚拟资产跨境监管协作机制，与主要司法管辖区签订双边协议，简化跨境取证和资产追回流程。

三、强化用户权益保护

一是规范平台责任与用户权益，明确平台义务。要求平台配合司法机关处理用户的法律诉求，披露虚拟资产发行、交易和储备的详细信息，接受第三方审计。二是建立争议解决机制。设立全国统一的虚拟资产投诉处理平台，要求平台在规定时间内响应投诉并公示处理结果。三是投资者教育与风险提示。要求平台对高风险资产（如加密货币、杠杆交易）设置风险警示，禁止向非专业投资者推荐复杂金融产品。联合行业协会开展虚拟资产投资教育，普及风险识别与维权知识。

四、相关环节纳税设计

关于虚拟资产税收政策的制定，既要确保国家财政收入，防止逃税，又要促进市场健康发展和技术创新，税收征管的设计必须依托交易平台的配合和先进技术工具的应用。一是明确法律属性和税收定性，明确虚拟资产税务处理基础，在交易环节（买卖、兑换）、持有环节、获得环节、支付环节等合理征税。二是制定清晰且合理的所得税规则，研究个人所得税起征点或免征额，科学制定适用标准企业所得税率，明确库存虚拟货币的计价方法。三是加强监管和国际协作，利用技术手段提升征管效率，研究开发专业的区块链税务分析工具。密切关注国际税收规则的发展，保持国际协调建立反避税联盟，避免双重征税和监管套利。

第五章

虚拟资产监管体系探索

第一节　境外监管模式实践

虚拟资产正在逐步融入传统金融市场结构，世界主要经济体已根据现有监管机构的职能对虚拟资产进行监管，但大多未设立专门的监管机构。主要经济体对虚拟资产的监管也多集中在虚拟货币领域，NFT 虽同样基于去中心化分布式账本技术，但是大多经济体均未将其纳入监管范围。而针对数字藏品、社交和游戏账号等类型的虚拟资产监管较分散，明显滞后于对加密货币的监管，虽然有关资料较少，但也有部分实践经验可以借鉴。

一、美国

（一）加密货币

1. 相关法律与监管框架

美国对加密货币的政策与数字资产密不可分，较早的政策表述见于时任美国总统拜登于 2022 年 3 月 9 日签署的《关于确保负责任地发展数字资产的行政令》（*Executive Order on Ensuring Responsible Development of Digital Assets*），该行政令旨在通过加强监管引导数字资产行业实现良性发展，以保持美国在数字资产领域的领先地位。其中，涉及加强加密货币监管的政策表述如下：（1）去中心化金融生态系统、点对点支付活动以及没有控制以减轻非法金融的区块链分布式账本的增长也可能在未来带来额外的市场和国家安全风险。（2）美国愿意确保以负责任的方式开发、设计和实施数字资产技术和数字支付生态系统，包括在其架构中包含隐私和安全性，集成防止非法利用的功能和控制，并减少一些加密货币挖矿可能造成的负面气候影响和环境污染。（3）提供关于非法金融风险的补充意见，包括加密货币、稳定币、CBDC，以及非法行为者使用数字资产的趋势。

与之相协调，2022 年 9 月 16 日，美国白宫发布全球首个综合性的数字资产负责任发展框架（Framework for Responsible Development of Digital Assets），框架包含消费者和投资者保护、促进金融稳定、打击非法金融犯罪、加强美国全球金融系统领导地位和经济竞争力、普惠金融、负责任创新、探索美国央行数字货币（CBDC）7 个方面，旨在保护美国数字资产消费者、投资者、企业，维护金融稳定、国家安全和金融环境。

在此框架下，美国对加密货币的监管政策呈现出“多头监管”态势，在联邦和州两个层面共同监管，并在现有金融监管体系下由多个机构履行监管职能。在联邦层面，整体将加密货币分为两类：一是证券型（securities）；二是商品型（commodities）。

（1）证券型代币。

美国证券交易委员会（SEC）监管属于证券类型的加密货币，基于现有法律对加密货币及其相关产品进行监管，如《美国证券法》《美国证券交易法》《投资顾问法》《投资公司法》等。豪威测试（Howey Test）是判断数字资产是否属于投资合同，以及数字资产的提供和销售是否为证券交易的标准。主要关注三个问题：是否属于金钱的投资？是否是发行方和投资者共同的事业？该投资是否有合理的期待利益，且期待利益来自他人的努力？通过豪威测试的加密货币需要受到证券相关法规的约束。在这种定义下，接受其监管的数字资产不仅包括一般意义上的加密货币，还涵盖NFT、稳定币等其他形式的数字资产及由其衍生出来的金融产品。SEC还相应发布了《虚拟资产是否属于投资合同的分析框架》指导文件，帮助分析数字资产是否应被纳入“证券”类型。

监管实践中，SEC通过执法行动（regulation by enforcement）来规范市场，对违反证券法规的行为进行指控和处罚。近年来，SEC逐步关注NFT是否被认定为证券，同时强调了对ETF这类产品的合规化要求。

（2）商品型代币。

商品期货交易委员会（CFTC）负责监管属于商品类型的加密货币。基于《商品交易法》（*Commodity Exchange Act*，CEA），CFTC在2015年正式声明比特币和其他虚拟货币应被视为商品，同时将加密货币的现货市场和衍生品市场纳入监管，但对二者的监管权限略有不同。对现货市场的交易监管，主要集中在反欺诈和反操纵方面，暂无法对不涉及保证金、杠杆或融资的现货市场的虚拟资产交易进行监管，而对加密货币的期货、期权、掉期和其他衍生品则拥有全面的监管权限。CFTC要求提供加密货币衍生品交易的平台注册为指定合约市场（designated contract market，DCM）或掉期执行设施（swap execution facility，SEF），同时对新的加密货币衍生品具有审查和批准的权限（如比特币期货合约），持续监控加密货币衍生品市场，防止价格操纵和其他不当行为。目前，CFTC已对多家涉嫌欺诈或未经注册经营的加密货币相关企业采取行动，展现出了其在维护市场秩序方面的决心。

2. 反洗钱和反恐融资

美国财政部下属的金融犯罪执法局（FinCEN）是美国反洗钱和反恐怖融资的主要监管机构，根据《银行保密法》《反洗钱法》等法律对虚拟资产进行监管。FinCEN 要求，可以法币兑换的加密货币，即稳定币应被视为货币，此类虚拟货币的管理方和兑换方均属于货币服务企业（MSB），需向金融犯罪执法局进行注册。FinCEN 发布多份指导意见明确加密货币相关服务机构的反洗钱义务，如虚拟货币交易所要进行客户尽职调查，包括验证客户身份、了解客户的业务性质和交易目的，并对高风险客户加强尽职调查，在持续监控客户交易活动中鉴别和报告可疑交易。

3. 税收认定

美国国家税务局（IRS）把虚拟资产视为财产，而非货币，代表着所有虚拟资产都适用财产交易的一般原则。出售或交换加密货币，或使用加密货币支付现实生活中的商品或劳务，被视为资本利得税的应税事件，此外，以加密货币的方式获取报酬、加密货币挖矿、赚取质押奖励等也被视为收入，带来税收责任。美国要求纳税人在提交税表时必须报告所有涉及数字资产的交易，包括虚拟货币交易。

4. 各州层面的监管

各州对虚拟资产的监管政策呈现多样化的特点。例如，纽约州拥有严格的 BitLicense 监管框架，要求虚拟货币企业申请许可证，并在企业资本、消费者保护、反洗钱合规等方面均设立特定的标准。加利福尼亚州在 2023 年出台了《数字金融资产法》（DFAL），为数字资产企业引入了全面的监管框架，包括许可、资本、流动性要求和稳定币监管，该法于 2025 年生效。亚利桑那州在 2018 年通过法案，限制“矿工”在私人住宅中开采加密货币，而肯塔基州则通过了旨在激励加密货币开采的法案，为加密货币开采的商业化提供强有力的财产、电力和工资方面的免税和退税优惠。各州之间对虚拟资产的监管差异，将促使美国政府推动建立全国统一的虚拟资产监管框架。

5. 未来监管走向

除此之外，美国现在还有一些关于虚拟资产监管但尚未正式出台的提案，例如，2022 年，美国提出了《虚拟货币税收公平法案》，提议对个人的加密货币交易设置200美元的免税额；2022 年 6 月 7 日，美国国会发布《负责任金融创新法案》（*Responsible Financial Innovation Act*，RFIA），这是第一个为美国建立虚拟资产监管框架的全面立法提案，通过考虑虚拟资产给予消费者的权益或权利来判断一项虚拟资产属于商品还是证券，将虚拟资产界定为辅助性资产（ancillary asset）。

2025 年特朗普上台后展现出了对加密货币坚定的支持态度，并采取了一系列举措，引起了加密货币市场的迅速升温。2025 年 1 月，美国总统特朗普即签署行政令，宣布成立一个专门研究数字资产的工作组，主要负责评估建立国家数字资产储备的可行性，并制定明确的加密行业监管框架。特朗普还在其个人社交媒体上宣称，将建立一个包含比特币（BTC）、以太坊（ETH）、瑞波币（XRP）、索拉纳币（SOL）和艾达币（ADA）在内的货币储备。在特朗普宣布消息后的几个小时内，整个加密货币市场的总市值上涨了约 10%，即超过了 3000 亿美元。美国还宣布构建数字资产储备库（U.S. digital asset reserve），覆盖除比特币以外的其他加密货币，来源于执法没收，由美国财政部下设专门办公室负责数字资产储备库的日常管理，并要求各机构配合提交数字资产持有情况的完整账目，并接受总统数字资产市场工作组的监督。

可以预见的是，特朗普任期内，美国政府无疑将积极参与加密货币经济。美国证券交易委员会（SEC）已撤回对几家加密货币公司的调查，并放弃了针对美国最大加密货币交易所 Coinbase 的诉讼。2025 年 3 月，美国参议院银行委员会投票通过了《指导和建立美国稳定币国家创新法案》

（以下简称《GENIUS 法案》），将在联邦层面对美国稳定币的发行者进行监管，这也是该法案成为法律的第一步。该法案的主要内容是允许美国银行等一系列金融机构发行稳定币，100 亿美元以上规模由联邦监管，100 亿美元以下规模由州政府监管，同时配套一些监管细节。2025 年 5 月 20 日，该法案的一项关键程序性投票获得通过，未来，美国对虚拟资产的监管政策应当会更加积极明晰。

（二）NFT

美国对 NFT 的监管机构和监管框架与加密货币基本类似，强调现有法律适用性，按照证券和商品两类进行监管。SEC 监管被视为证券部分的 NFT，通过豪威测试被判定为证券的 NFT 需要遵守注册、信息披露和反欺诈等相关规定。CFTC 监管被判定为商品属性的 NFT，包括其衍生品交易均受 CFTC 监管，CFTC 可以对 NFT 市场中的价格操纵和欺诈行为采取执法行动。FinCEN 对 NFT 实施反洗钱和反恐融资监管，NFT 交易平台若涉及法币与加密货币兑换，需注册为货币服务商，执行客户识别和反洗钱程序，并报告可疑交易及超过 1 万美元的现金交易。IRS 在税收层面同样将 NFT 视为“财产”，交易需缴纳资本利得税，短期持有（小于 1 年）按普通收入税率征税，长期持有（大于 1 年），税率通常为 0~20%，作为版税或销售收入的 NFT 收益，则需申报个人所得税。

但是，在美国 NFT 市场的知识产权纠纷问题较为突出，主要体现在 NFT 未经授权铸造、剽窃作品、NFT 附带权利标注不明等。例如，2021 年 11 月，《低俗小说》版权方米拉麦克斯影业（Miramax）起诉该作品作者昆汀·塔伦蒂诺，称其拍卖《低俗小说》NFT 未与版权方交涉，侵犯了公司利益，但昆汀·塔伦蒂诺则认为，将为电影编写的原始手写剧本的摘录及评论拍卖 NFT 并不等同于出版剧本，不存在侵权行为。一件作品可能是多方合作的成果，原创作者、合作作者、二次创作者、出版商、制片人等都参与了开发与创造，但相关 NFT 版权该如何分配仍是很有争议的地方。美国在联邦层面已经开始着手修订最新的《法律责任安全港》，以明确 NFT 平台在面临知识产权侵权时应承担的责任。

（三）游戏资产、社交媒体账号与附属权益

美国对游戏资产的监管主要以保护消费者为主，尤其强调对未成年的保护。美国消费者金融保护局（CFPB）在 2025 年 1 月提出了一项新规则，有意将类似适用于现实银行账户的保护措施拓展至可以在玩家间兑换或转移的游戏货币。这项拟议规则要求游戏公司以类似于银行处理欺诈活动索赔的方式来处理客户报告的财务问题，即玩家有可能因涉及游戏币未经授权的交易而获得退款或赔偿，旨在明确电子游戏消费者在《电子资金转账法》（EFTA）下的权利。此外，在未成年保护方面，联邦贸易委员会（FTC）依据《儿童在线隐私保护法》（COPPA），明令禁止在未获家长同意的情况下向 13 岁以下儿童收集数据或销售付费内容，2025 年 1 月，《原神》游戏开发商因未验证家长同意向儿童销售宝箱被罚 2000 万美元，并进入为期十年的合规监控计划。

对于社交媒体账号及附属权益等网络资产，美国的监管逻辑基本匹配现有金融监管框架，也正从弱监管向强合规发展。对于如 Meta 的 Stars 和 Tiktok 的 Coins 等社交媒体支付虚拟货币，消费者金融保护局在 2024 年将其认定为预付费工具，并纳入《电子资金转账法》监管框架，要求平台保障用户资金安全、提供交易明细与争议解决机制、披露汇率及手续费、履

行反洗钱义务等。对于社交媒体账号本身，美国法院普遍认定账号归属平台所有，用户仅获使用权，但其附属资产，如粉丝数据、虚拟物品可分割确权，平台也有一定的交易限制，如 Meta 平台禁止账号买卖等。

美国同时是一个非常重视判例法的国家，游戏、社交媒体账号等虚拟资产的法律规则还包括法院的判例。例如，1996 年泽登博格案中法官就提出应该承认网络域名这种新型财产。2003 年克雷曼诉科恩案中，上诉法庭的法官即认为动辄价值上百万美元的域名属于有价值的合法财产，可以适用动产侵权理论。但在实践中，此类虚拟资产是否是值得法律保护的财产，还存在许多争议，需要具体情况具体分析，并且依赖法官的判决和当事人双方的态度。例如，著名的布莱格诉林登研究公司案件，对网络虚拟游戏中的土地或住宅所有权是否是法律所保护的财产，法院还没有作出裁决，双方当事人就达成了和解。

二、欧盟

欧盟对于虚拟资产的监管在近些年来非常活跃，相较于“各自为政”，他们正在尝试寻求形成统一的虚拟资产监管框架。

（一）加密货币

欧盟委员会于 2020 年 9 月提出的《加密资产市场监管法案》（*Markets in Crypto-assets Regulation*，MiCA）提案，为加密资产市场提供了一个统一的监管框架，涵盖了虚拟资产生态系统的关键领域，包括加密资产的发行、服务提供者的授权监督、市场完整性及消费者保护等，特别关注稳定币，并为其设立了详细的规定和限制。该提案于 2023 年 6 月被采纳，并于 2024 年 12 月 30 日全面生效，成为欧盟对虚拟资产进行监管的基础框架。

1. 相关法案和监管框架

MiCA 法案旨在为加密资产市场提供一个统一的法律框架，保护投资者利益，维护市场稳定，同时促进创新。主要内容包括：对加密资产的发行和交易进行规范，要求发行人披露详细信息；要求加密资产服务提供商获得许可，并遵守严格的反洗钱和客户保护规定；设立市场滥用制度，禁止市场操纵和内幕交易；将加密资产分为资产参考代币、电子货币代币和其他加密资产三类，采取相对不同的监管方式。

（1）资产参考代币。

资产参考代币（assets-referenced tokens，ARTs）旨在通过参考一种或多种官方货币、商品或加密资产的价值来维持稳定的价值，比如，以法定货币、贵金属、债券、基金等资产组合发行的稳定币。对于此类稳定币，发行人和加密资产服务提供商都禁止向持币者支付利息，并且当季度交易笔数大于 100 万欧元和日均交易额大于 2 亿欧元时，发行人需要暂停发行，并向主管部门提交计划，确保流通的资产参考代币交易笔数和交易额低于上述标准后才能继续发行。同时，发行人必须获得欧盟成员国的国家主管当局的授权；发行人需要发布并获得批准的白皮书，详细说明代币的结构、用途和风险管理措施；发行人必须持有足够的储备资产，并制定相应的投资和保管政策；发行人需向投资者披露详细信息，包括代币的运作机制、风险和费用。

（2）电子货币代币。

电子货币代币（e-money tokens，EMTs）通过参考单一官方货币的价值来维持稳定的价值。EMTs 和 ARTs 的区别在于支持价格的底层资产配置，资产参考代币是使用非现金资产或一篮子货币，电子货币代币则是使用单一货币，更接近于电子货币的概念，比如支付宝支付或微信支付。在监管层面，与 ARTs 类似，EMTs 发行人需要获得授权；发行人必须持有与代币价值相等的储备资产，并确保其安全性和流动性；对代币的交易数量和价值设置限制，以防止其被广泛用作支付手段；同样需要向投资者提供充分的信息披露。

当发行资产参考代币和电子货币代币的持有数量、市值、交易笔数等指标达到法案规定的标准后，其发行人需要承担定期独立审计、流动性压力测试等相应的合规义务。

（3）其他加密资产。

不属于资产参考代币和电子货币代币的其他加密资产，比如，功能性代币（utility tokens）又称实用代币，主要用于提供对发行方提供的商品或服务的访问。虽然 MiCA 法案对其的监管相对宽松，但仍要求发行人进行适当的披露，以确保投资者了解代币的用途和风险，发行人需遵循诚实、公平和专业的行为准则，对其他加密资产代币的监管主要体现在白皮书和宣发推广上。

MiCA 法案要求加密资产项目的白皮书应包括：①发行人相关信息；②交易平台信息；③详细描述项目实现的愿景目标、实施时间计划表、代币应用场景等具体信息；④代币经济模型、发行价格、上线交易平台；⑤代币投资者在持有期间的权利和义务信息；⑥项目的技术框架以及详细的底层技术信息；⑦投资市场风险、技术风险、合规问题、项目运行中对能源的利用以及共识机制是否会对环境造成不利影响。

MiCA 法案要求加密资产项目在宣传推广过程中：①宣发推广的营销材料清晰标注营销性质，让投资者可识别；②营销材料中的信息准确、完整清晰，不能误导投资者；③宣发推广使用的信息需要与白皮书中的内容一致；④在宣发推广过程中明确指出已发布白皮书，并清楚地写明发行人、交易平台网址及联系方式；⑤需要在营销材料中突出声明：“本加密资产营销传播尚未经过任何欧盟成员国主管部门的审查或批准。加密资产发行人对营销传播材料的内容负全部责任。”

在 MiCA 法案框架下，欧洲银行管理局（EBA）负责对资产参考通证和电子货币通证进行评估，以确定它们是否符合 MiCA 法案中的“重要性”标准，EBA 将对按照规定被认定为重要的资产参考通证和电子货币通证开展相关的监督任务。欧洲证券和市场管理局（ESMA）负责协调和监督各成员国对加密资产服务提供商的监管，各成员国的金融监管机构，如德国的联邦金融监管局（BaFin），负责在本国范围内执行欧盟的虚拟资产法规。

2. 授权制度

MiCA 法案规定，以专业方式向客户提供一项或多项加密资产服务业务，需获得 MiCA 正式授权成为持牌的加密资产服务提供商，才能在欧盟地区提供服务。获得授权需要先向所在国家的主管部门提交申请，包括与其业务相关的详细信息，如业务模型、技术实施、白皮书、投资者信息等，并对于代币发行者的资金、风险管理、合规性等方面有相应要求，以确保代币发行者有资质来履行其承诺。申请提交后便会进入审查流程，国家主管部门会对材料进行审核，还可能会征询欧洲工商管理委员会（ESMA）的意见，并申请进行面谈和调查，确认符合 MiCA 法案的规定。而如果发行者未能满足 MiCA 法案的相应要求，抑或在后期运营的过程中违反规定，国家主管部门有权撤销授权，禁止其在欧盟范围内提供服务。在实际操作中，除了法案规定外，各成员监管部门也会按照本国法律法规对 CASP 有附加的材料和程序要求。

3. 防止内幕交易和操纵市场行为

MiCA 法案特别对加密市场滥用行为进行了规定，以防止市场中的操纵和欺诈行为。法案对内幕交易信息的定义包括：（1）尚未公开的，与一个或多个发行人、加密资产直接或间接相关的精确信息，如果该信息被公开，可能会对加密资产的价格产生重大影响；（2）在负责代表客户执行加密资产交易订单的人员接触到待处理订单信息，这些信息如果公开，可能会对加密资产的价格产生重大影响。掌握内幕信息并利用这些信息为自己、第三方直接或间接获取与该信息相关的加密资产交易行为，被视为内幕交易，同时如果利用这些信息进行撤单或修改之前交易订单的操作，也会被视为内幕交易行为。对内幕信息，发行人应尽快向公众告知，并且不能将披露的内幕信息与其营销推广活动相结合，公开披露在官网上的信息需要至少保留五年。

法案中界定的市场操纵行为，包括但不限于：（1）发布虚假或误导性信息，包括虚假宣传、误导性声明或其他欺诈性行为，以影响加密资产价格或引导其他市场参与者作出错误的投资决策；（2）利用未公开的内幕信息进行交易，以获得非公平的交易优势；（3）操纵加密资产的供求关系，通过虚构交易量或其他手段操纵价格；（4）利用市场不足或其他漏洞，以取得非正当利益。这些规定要求 CASP 制定有效的规则和程序去预防和发现操纵市场等行为，并及时向主管当局报告。对于跨境的操纵市场行为，相关主管部门之间则需要建立协助机制发现和制裁。

需要说明的是，欧盟对虚拟资产的监管和各成员国自身的监管之间通常不会发生冲突，各成员国与欧盟两方力求达成政策兼容。欧盟层面的监管机构，主要包括欧洲银行管理局（EBA）、欧洲证券和市场管理局（ESMA），EBA 主要负责制定整个欧盟的监管技术标准和指南，以促进欧盟各国对银行进行有效且一致的监管；ESMA 主要负责保护投资者利益、确保市场有序运作、保证金融稳定和抵御金融冲击。欧盟成员国需要指定各自国家的主管部门，并告知 EBA 和 ESMA，以保证透明性和一致性。欧盟通过立法如 MiCA 法案为加密资产构建了一套统一的监管框架，但各成员国的监管机构在负责具体执行欧盟层面监管要求的同时，也可以根据本国的实际情况和市场需求，在不与欧盟统一框架冲突的前提下，对虚拟资产监管进行补充和细化规定。例如，在面对跨境问题和跨国公司问题时，各成员国的监管机构会通过一致性机制来协调做到共同决策。同时，EBA 和 ESMA 也会发挥协调作用，通过制定技术实施标准和指南、制定统一的模板和程序，促进各国主管部门之间的有效协作。

（二）NFT

MiCA 法案明确规定，该法规不适用于独特且不可与其他加密资产互换的加密资产。也就是说，具有唯一、独特、不可替代性特征的 NFT 是不受法案监管的，在发行时也不需要提供白皮书披露信息。

值得注意的是，根据欧盟有关增值税指令，交易 NFT 的个人或企业会被视为增值税纳税人，NFT 交易的应税金额通常是销售价格，无论是否包含增值税，每个成员国采用的增值税税率标准同样适用于 NFT 销售，但用于慈善或艺术捐赠等目的的交易行为会适用较低的税率。按照目的地征收的原则，NFT 交易增值税应在最终消费发生的国家征收，但在 NFT 交易这样的数字环境中，确定服务的供应地点具有较大的挑战性。由此可见，NFT 交易的全球性和去中心化性质在不断挑战传统的税收和金融监管框架，监管机构必须迅速适应并进行相应调整以解决出现的一系列新问题。

（三）游戏资产、社交媒体账号与附属权益

欧盟尚未对游戏资产、社交媒体账号与附属权益等网络虚拟资产有明确的监管文件，但从欧盟对数字财产相关的法规中，也能看到一些线索。《通用数据保护条例》（GDPR）专门保护个人数据权利，明确用户有权查询、修改、删除平台存储的个人信息。例如，某社交软件因未经允许将欧洲用户的数据传至美国总部而被开出数亿欧元的罚单。

欧盟委员会和消费者保护合作网络（CPC 网络）在监控欧盟游戏公司的过程中，认为 Star Stable Entertainment AB 在其游戏中实施的多项行为存在广告中直接吸引儿童、使用施压技巧、缺乏明显信息诱导消费等情形，在 2025 年 3 月发布一套游戏购买指南，包括七项关键原则：（1）标价必须清晰透明。要求游戏内游戏币列出与现实世界的货币等价物；（2）应避免隐藏游戏内数字内容和服务成本的做法；（3）应避免强迫消费者购买不想要的游戏币的做法；（4）应向消费者提供清晰全面的合同前信息；（5）应尊重消费者的撤回权，即允许消费者进行退款；（6）合同条款应公平，并以简单明了的语言书写；（7）游戏设计和玩法应尊重不同消费者的弱点，即不应利用玩家的心理弱点“骗氪”。CPC 网络为打击游戏币欺骗消费行为作出了实践规定。

三、新加坡

新加坡是全球最友好的加密资产司法管辖区之一，在 2022 年“加密寒冬”后虽然加强了监管，但依旧保持了全球加密行业的中心地位。

（一）加密货币

1. 相关法案和监管框架

新加坡对加密货币行业持开放且不疏于监管的态度。相较于美国证券交易委员会（SEC）和商品期货交易委员会（CFTC）在监管加密货币方面存在的权责交叉，以及不同州的法规差异，新加坡具有相对清晰而全面的监管框架，监管机构较为明确且集中。新加坡金融监管局（Monetary Authority of Singapore，MAS）是新加坡行使中央银行职能的综合金融监管机构，也是负责监管包括加密货币在内的各种金融服务和产品的主要机构。

MAS 制定的《数字代币发行指引》（*A Guide to Digital Token Offerings*）是新加坡加密货币监管的基本框架，整体也是分类监管的思路。《数字代币发行指引》明确，证券型代币和支付型代币由专门法规监管，而实用型代币不受专门法规的约束。此外，所有从事金融活动的主体，包括虚拟资产服务提供商（virtual asset service providers，VASP）均需履行反洗钱和反恐融资（AML/CFT）相关义务，以防止非法资金流入新加坡金融体系。2025 年 6 月 30 日，新加坡金融管理局正式实施数字代币服务提供商新规，标志着这项自 2022 年提出、历经三年酝酿的加密资产监管体系正式落地。

（1）支付型代币。

用作支付目的的加密货币，即支付型代币（DPT），又称数字支付代币，如比特币、以太币等，依据《支付服务法案》（*Payment Services Act*，PSA）对此类型代币进行监管。该法案规定，提供数字支付代币服务的企业需持有 MAS 颁发的相应牌照，如 DPT 服务牌照，DPT 服务提供商需将客户资产存放在法定信托账户中，以确保在破产情况下，客户资金能够得到妥善保护并追回。同时，限制 DPT 服务提供商为散户客户提供 DPT 代币的借贷和质押服务，旨在减少散户参与的风险，体现了政府层面对公众参与加密货币交易的审慎态度。

（2）证券型代币。

证券型代币（security token）是一种在区块链上发行和流通，并代表了现实世界中某种金融资产的所有权或权益的加密货币。由于一些证券型代币被归类为《证券与期货法》（*Securities and Futures Act*，SFA）下的资本市场产品（capital markets products，CMP），需要受到 MAS 的监管。根据 SFA 的规定，资本市场产品包括：①任何证券：如股票、债券及商业信托单位；②集体投资计划（CIS）单位；③衍生品合约：如股票衍生品、债券衍生品及商业信托单位衍生品；④杠杆外汇交易中的现货外汇合约；⑤ MAS 认定的其他产品。MAS 可以根据结构和特点来判断加密货币是否属于 CMP，其认为比特币、以太坊等不属于 CMP，对于 NFT 是否属于 CMP 需具体分析。

（3）实用型代币。

实用型代币（utility token）是指在特定生态系统中具有特定功能或用途的代币，主要用于访问或使用某个平台或服务，而不是作为投资工具，不具备证券或支付的性质，目前暂未被纳入监管体系，但仍需要遵守反洗钱和反恐融资的相关规定。

2. 反洗钱和反恐融资

为加强金融安全，防范金融犯罪，新加坡的反洗钱和打击恐怖主义融资（AML/CTF）法规已经涵盖加密货币领域。主要的法律框架包括《1992 年腐败、贩毒和其他严重犯罪（没收利益）法案》（CDSA）和《2002 年恐怖主义（打击融资）法》（TSFA），以及新加坡金融管理局（MAS）的相关指引。根据CDSA，金融机构有义务及时向新加坡警察部队商业事务部的可疑交易报告办公室报告可疑交易，未按规定报告可疑交易将构成刑事犯罪。根据TSFA，个人和实体在知道或怀疑持有、保管或控制与恐怖分子或恐怖分子实体相关的财产时，需要向警方披露相关信息。此外，个人还应遵守TSFA中与指定个人和实体有关的金融制裁要求，包括配合联合国安全理事会的相关决议。

3. 监管更趋严格

新加坡于2022年颁布的《金融服务和市场法案》（FSMA）标志着新加坡对加密资产监管的进一步深化。FSMA法案明确了数字代币服务的范围，包括促进数字代币交换、诱导或试图诱导他人订立任何以数字代币换取金钱或其他数字代币的协议，以及提出与数字代币的提供或销售有关的财务建议。同时，FSMA法案对数字代币发行方和服务提供方提出了更高的要求，将监管范围扩展到在新加坡设立但在新加坡域外提供数字代币服务的虚拟资产服务商（VASP），要求其遵循与向新加坡市场提供服务相同的监管条例，意味着更多类型的虚拟资产相关业务将被纳入监管，体现了对虚拟资产服务全面的监管态度。

4. 监管沙盒制度

为了鼓励金融科技创新，新加坡金融管理局（MAS）推出监管沙盒制度，发布《金融科技监管沙盒指南》（*Fintech Regulatory Sandbox Guidelines*），指出在现行法律架构下无法涵盖或暂时难以完全满足监管要求的金融创新企业，均可申请进入监管沙盒（sandbox）。允许企业在限定时间和范围内测试其新产品和服务，甚至包括从事与现行法律法规有所冲突的业务，为金融科技公司和创新金融服务提供了一个受控且支持性的环境，为虚拟资产领域的创新提供了更多的空间和可能性。

2022 年，MAS 推出了 Sandbox Plus，进一步为金融科技创新松绑。一是放宽申请门槛，允许技术仍处于初期阶段的机构进行申请；二是加大财政补助，技术处于初期阶段的企业如果获得 MAS 批准进入沙盒计划，可获得最高 50 万新元的财政补助；三是强化资源支持，申请机构可申请参与“交易星期五”项目，与外部投资者建立联系，获取资金、技术和资源指导。

（二）NFT

新加坡承认 NFT 作为一种财产形式在法律框架内的合法性，但尚未直接干预 NFT 销售、购买和交易，也还没有针对 NFT 专门的监管方案。MAS 对 NFT 市场总体持观望态度，允许其发展的同时监控未来潜在的监管风险。在实践中，MAS 会根据具体情况来判断其是否属于监管范围。如果 NFT 代表的底层资产具有证券性质，比如，代表了某种股份和分红权益，就需要满足 MAS 的监管要求。如果一个 NFT 具有《支付服务法》（PSA）规定的数字支付代币特征，该 NFT 供应商则会受到该法案相关限制和要求。

（三）游戏资产、社交媒体账号与附属权益

根据《支付服务法案》（PSA），新加坡对某些非货币性代币提供了监管豁免，如客户忠诚度积分、游戏内资产不受监管，但应具备如下条件：（1）不能退还发行人、不可转让或出售换货币；（2）仅用于兑换发行人或指定商家的商品或服务；（3）仅用于网络游戏内的虚拟物品或服务。

四、日本

日本是东亚在虚拟资产监管方面的先行者，根据日本虚拟和加密资产交换协会（Japan Virtual and Crypto Assets Exchange Association）数据，截至2025年4月30日，注册的加密资产交易所达32家。日本金融厅（Financial Services Agency，FSA）调查显示，7.3%有投资经验的个人投资者持有加密资产，高于外汇和公司债的比例。日本对虚拟资产的监管同样遵循分类监管的模式，但是在监管机构方面有所创新，是首个创设虚拟资产自律监管组织的国家。

（一）加密货币

1. 分类监管

日本对加密货币的监管主要分为实用型代币、证券型代币和稳定币，依据资产的属性、功能和用途采取相对不同的监管制度。而不属于上述三种类型的虚拟资产，暂不受日本法规监管。

（1）实用型代币。

日本在2016年修订《支付服务法》（*Payment Services Act*，PSA），将加密资产定义为"可用于向未指定人支付、可通过电子数据处理系统转移且不以任何法定货币计价的财产价值"，认可比特币是合法资产，承认虚拟货币的货币支付功能，还在全球范围内率先给交易所颁发牌照。同时修订《资金结算法》以适应加密货币发展，规定了预付支付工具的发行和销售，例如，礼品卡和代金券，规定某些特定实体发行的加密货币只能在有限的商家网络中使用，这些加密货币受制于与《支付服务法》下其他规定不同的规则，如较低的资本要求和较宽松的报告义务，但也受到更多限制，例如，最高发行量为1亿日元，且禁止转售或交换。

（2）证券型代币。

具有投资特征的首次代币发行（ICO）和证券型代币发行（STO）被明确列入《金融工具和交易法》（*Financial Instruments and Exchange Act*，FIEA）监管，须遵守投资法规。该法案引入ERTR（Electronic Record Transfer Rights）概念，即指通过电子方式转移或转让资产权利的能力，这种权利可以是金融资产、虚拟资产或其他类型的财产。FIEA规定，从事虚拟资产交易的平台和交易商必须在日本金融服务厅注册并获得相应许可，小额电子公开发行业务经营者可以通过众筹方式，进行ERTE公开发行或私募配售，从而享受较宽松的注册要求。交易商需将客户资金与自有资金分开管理，并接受外部审计。虚拟资产衍生品交易（如期货、期权、保证金交易等）需遵循FIEA的一般衍生品交易规则，包括最低资本金要求、分账管理、杠杆率限制等。

（3）稳定币。

日本还是首个颁布稳定币（stable coin）法案的国家。2023年，日本通过《资金结算法》修正案，规定由法定货币支持的稳定币将在日本合法发行。根据修订后的《资金结算法》，稳定币被归类为“电子支付工具”（EPI），可以用于向不特定多数对象支付商品或服务费用，但只有以法定货币为价值支撑的稳定币才能被视为电子支付工具，这意味着比特币或以太坊等加密货币不属于电子支付工具。2025年，日本《支付服务法》进行了重大修订，放宽了“电子支付工具发行人以活期存款和/或类似的高流动性工具的形式持有全部发行价值”的要求，允许发行人将不超过低风险资产发行价值50%的部分，用于管理最低限度的本金减值风险。此外，银行、资金转移服务提供商、信托公司都可以发行稳定币，但从事稳定币相关业务的实体必须注册为电子支付工具服务提供商（EPISP），以获得稳定币相关许可证。流入日本的稳定币的发行机构都需要接受日本金融厅的监管，所有交易客户都会被进行实名登记。同时，该法案规定，稳定币可以在日本进行外汇交易，并针对其汇入和转出金额做了详细规定。

2. 监管机构

日本对加密货币的监管采取国家行政监管机构和自律监管组织共同监管的双重机制，这是区别于其他经济体的重要特征。国家行政监管机构主要是指日本金融服务厅（Financial Services Agency），负责加密资产交易商的注册登记，制定和修改加密资产和加密货币发行等业务的监管法规，审核加密资产的业务报告和相关法律条款的信息披露等。自律监管组织主要指日本虚拟货币交易协会（Japan Virtual Currency Exchange Association，JVCEA），该协会是唯一被日本金融服务厅认定的加密资产交易兑换服务提供商行业的半官方行业自律组织，主要工作包括制定本行业的自律监管规则，明确相关业务的会计准则，对会员的经营活动进行相应的指导、劝告或处分，还负责检查日本加密货币交易所的安全性及完成评估加密货币发行的具体任务。

此外，自律监管组织还包括日本证券通证发行协会（Japan Security Token Offering Association，JSTOA），更加注重证券型通证发行的合规保护，制定相关规则，保护客户资产和隐私，防止欺诈行为等。日本金融服务厅与行业自律组织紧密合作，通过行业标准和自律规则规范市场。

3. 反洗钱

虚拟资产交易所涉及的反洗钱风险是日本监管虚拟资产的核心问题，日本金融情报机构（FIU）和日本金融情报中心（JAFIC）等机构的公开报告中均强调，加密货币构成了重大的洗钱风险。《防止犯罪所得转移法》

是日本规定虚拟资产反洗钱机制的主要法规。虚拟资产交易所必须严格执行客户身份验证程序，并向监管机构报告可疑交易，以防止加密货币被用于非法活动。2023 年 6 月起，日本开始实施更加严格的反洗钱措施——国际转账规则，要求处理加密资产转移的金融机构在处理交易时，必须将用户信息传送给下一个机构，包括发送方和接收方的姓名和地址，目标加密资产包括与美元或商品挂钩的稳定币或加密货币。如果违反者不服从当局的纠正命令，他们将面临刑事处罚。

4. 税收认定

根据《支付服务法》和《金融工具和交易法》，销售或兑换加密资产无须支付消费税，但就加密资产收取的借贷费用和利息将征收消费税，继承加密资产也将征收继承税。日本国家税务机构（National Tax Agency）将交易加密资产所获得的利润视为“杂项收入”（miscellaneous income）。个人在上一财政年度购买或出售加密货币，并且收入超过 20 万日元，则需申报总额并缴纳税款。日本对杂项收入实行累进制税率，税率从 5%~45% 不等。此外，所有税率均适用 10% 的强制性居民税（inhabitant tax），需支付给地方政府。因此，日本的有效税率在 15%~55% 之间，个人最多需要缴纳其收入 55% 的税款，税率可谓是非常之高的。日本在 2025 年税收改革大纲中正式将虚拟货币纳入，相关的加密货币税收制度可能会在 2025 年进行全面改革，值得继续关注。

5. 未来监管走向

2025 年 2 月，日本金融厅提出将加密货币归类为证券进行监管的举措，拟将传统证券市场成熟的监管模式引入加密货币市场，强化信息披露要求，从而为投资者提供更加准确透明的市场信息，并促进加密货币项目的运营更加规范，推动加密货币市场与传统金融市场进一步融合。有关消息显示，日本金融厅正在与金融领域的专家学者、加密货币行业从业者以及相关法律机构进行深入研讨和交流，包括加密货币的技术原理、市场机制、投资者保护及监管政策实施细则等。比如，日本金融厅批准通过了《资金结算制度等相关工作组报告书》，提出了设计加密货币和稳定币的监管新框架，尤其对交易所破产时的用户保护、中介业务的设立以及稳定币的资产运用规则等方面提出了具体建议，代表着日本在这一领域的监管进一步细化。2025 年 4 月，日本金融厅还发布了名为“审查与加密资产相关的系统”讨论文件，旨在平衡市场创新与用户保护，讨论特别集中在根据加密资产的功能对其进行分类等。如果相关研讨进展顺利，预计日本金融厅将公布新的监管提案，为日本加密货币市场和全球加密货币监管作出新的探索。

（二）NFT

日本 NFT 市场非常活跃，相关活动涵盖数字艺术、娱乐、体育和知识产权等多个领域。但是 NFT 作为独特的数字资产，并不完全符合传统的法律类别。具体类别归属和监管适用范围取决于每个 NFT 及其用例的具体情况，监管环境因而也较为复杂。例如，若 NFT 持有者从通过虚拟土地开展的业务中获得股息，则与虚拟世界中虚拟土地相关的 NFT 可能属于集体投资计划，相关权益会被视为证券，受到《金融工具和交易法》监管；若 NFT 可以兑换为用于支付商品或服务的加密资产，充当支付方式，则需要接受《支付服务法》规制；若根据业务结构和市场动态，随机 NFT 盲盒包的销售和购买行为可能会被视为赌博，而根据日本刑法，赌博是非法的，具体交易的判定需要专业的分析和建议。总体来说，日本 NFT 业务监管的规则复杂多样，更看重对具体情况的分析。

（三）游戏资产、社交媒体账号与附属权益

日本《资金结算法》中有部分对游戏内货币、物品等虚拟资产的监管规定。用户通常需要预先购买游戏内货币才能购买游戏内的物品，这些游戏内货币如果属于预付支付手段，则需要符合《资金结算法》的相关规定。预付支付手段是指由用户预先支付的金额发行，并代替货币使用的有价证券，比如，商品券或啤酒券。在游戏中的货币符合这种形式需要满足三个条件：（1）价值的保存：记录和保存财产价值，如金钱等；（2）对价发行：获得对价后发行；（3）权力行使：用于支付代金等。《资金结算法》规定，符合预付支付手段的条件，游戏运营商需要在网站中显示一定信息，并定期向行政机关提交报告，并接受其监督；如果在基准日，预付支付手段的未使用余额超过 1000 万日元，还需要作为“发行保证金”，未使用余额的一半强制要求存进最近的法务局，如果发生公司破产等意外，这笔存款金将退还给消费者。

五、中国香港

近年来，中国香港作为全球金融中心的地位受到一定挑战，尤其在 2021 年前后因政策不明朗，大量资本和机构转移至新加坡和美国等对加密货币友好的国家。之后，香港特区政府积极把握虚拟资产发展趋势，推进加密货币监管政策，力求取得全球领先地位。2022 年 12 月，香港财经事务及库务局（Financial Services and the Treasury Bureau，FSTB）发布的《香港虚拟资产发展政策宣告》，展示了中国香港要成为亚洲加密资产中心的决心。该政策支持新的虚拟资产服务提供者在香港申请牌照，促进市场发展，并计划推出特区政府代币化绿色债券、加密资产 ETF、NFT 等

产品，同时探索数字港元稳定币的发行。

（一）加密货币

1. 监管框架和思路

在中国香港有关文件中，“虚拟资产”的定义涵盖各种形式的虚拟货币，资产价值稳定与否和担保资产的类别都不影响概念的适用。“虚拟资产交易所”被界定为“容许或邀请客户罗盘，以货币或虚拟资产（不论是否是同一种虚拟资产）买入或卖出任何虚拟资产，并在业务过程中曾保管、操纵、控制或管有任何货币或虚拟资产的交易平台”。中国香港对虚拟资产的监管遵循“相同活动、相同风险、相同监管”的原则，旨在平衡金融创新与风险管控。

中国香港同样采用分类监管思路，根据加密货币的性质来进行区分性监管，以发牌形式为主，但尚未有专门的法律体系。加密货币如构成“证券”，将纳入香港证券及期货事务监察委员会（Securities and Futures Commission，SFC）的监管权限，大多时候沿用证券法例的监管框架，通过对虚拟资产交易平台上的交易活动是否构成证券法例下的“受规管活动”以及持牌人是否符合或违反“持牌条件”的判断来实施监管，将传统证券法例的框架进行修改后再适用。如虚拟资产构成“储值工具”，则由香港金融管理局监管。香港金融管理局重点关注的方面包括审慎监管、洗钱及恐怖分子资金筹集和金融犯罪、投资者保障等。如虚拟资产构成“商品”，则隶属于海关的职权范围。香港海关负责监管虚拟资产的场外交易（OTC），提供虚拟资产场外交易服务的公司需获得海关发放的牌照。

从监管权限的界定看，中国香港对虚拟资产的监管呈整体审慎和渐进特性，具有较强的抗风险性。香港证监会指出，“虚拟资产的具体特点在其整个生命周期内可能会有所改变，平台运营者应设有适当的监察程序，以追踪虚拟资产任何可能导致其法律地位改变为属于或不再属于《证券及期货条例》所指的‘证券’的定义范围的改变”。实践中，如果平台上交易产品涉及至少一种证券型虚拟资产时，香港证监会的监管权限会将其作为“整体”来对待，即监管权限可延伸至平台上所有的相关活动，对于某些难以界定其性质的虚拟资产以及虚拟资产性质发生转变等情况，可以有效防范由于虚拟资产的流动性特征而产生的监管权限界定上的不确定性风险。

从监管对象看，中国香港通过限定纳入监管的平台范围及允许交易的相关机构来控制整体风险。目前，在中国香港纳入监管的平台只允许提供服务给“专业投资者”，且“专业投资者”定义较为保守，只以投资组合中的证券及现金价值界定，而不包括极具波动的虚拟资产价值。而且中国香港仅规管中央网上交易平台，直接点对点市场提供交易被排除在外。

2. 稳定币

2024 年 3 月，香港金融管理局（HKMA）推出了稳定币开发和发行的监管沙盒，旨在为准备在香港市场发行的稳定币实体提供一个试点环境，并根据实际情况迭代监管决策。同年 7 月，HKMA 公布了 3 家稳定币发行人，包括京东币链科技（香港）有限公司、圆币创新科技有限公司、联合申请人渣打银行（香港）有限公司、安拟集团有限公司和香港电讯有限公司。同年 12 月，中国香港正式公布《稳定币条例草案》。2025 年 5 月 21 日，香港立法会正式三读通过《稳定币条例草案》，逐步构建稳定币监管的新框架，核心监管目标为平衡金融创新与风险防控，打造国际化多元稳定币生态。2025 年底，合规的香港稳定币有望正式落地。值得注意的是，不论境内外发行，发行机构只要锚定港元价值或向中国香港公众推广就要受到香港金融管理专员监管。

《稳定币条例草案》将稳定币广泛定义为“加密保护数码形式价值”，需要向金融管理局申请牌照的情形主要包括：（1）在中国香港发行法币稳定币。（2）在中国香港以外的地方发行法币稳定币，而该法币稳定币完全或局部参照港元维持稳定价值。（3）无论在中国香港境内或境外，向中国香港公众积极推广有关发行或拟发行法币稳定币的活动。申请牌照的关键要求包括：（1）要有充足的财政资源，持牌人的已缴股本不少于2500万港元或等值的其他货币，还需在申请时支付牌照申请费和每年支付相同的续牌费。（2）储备资产的管理方面，如要求持牌人必须为其发行的每种类型的法币稳定币维持一个高质量及高流动性的储备资产组合等。（3）持牌人的关键管理人员，如行政总裁、候补行政总裁和稳定币经理必须为常居中国香港的个人。条例草案同时设立了6个月过渡期，以便相关发行人采取必要措施遵守相关要求。

《稳定币条例草案》通过设定2500万港元最低实缴资本和高流动性储备资产要求，抬高了潜在市场参与者的门槛，通过强制储备审计、无附加条件赎回权等条款提升了市场透明度和稳定性，通过参与者结构分化，即中小机构转型为技术服务提供商等方式逐步催生出新兴的服务模式。

3. 反洗钱和反恐融资

中国香港《2022年打击洗钱及恐怖分子资金筹集条例》规定了对虚拟资产服务提供商（VASP）的牌照要求，提出了更为严格具体的反洗钱（AWL）、反恐怖主义融资（CFT）和经营限制等方面的要求。从2023年6月起，中国香港开始施行全新发牌制度，根据《证券及期货条例》及

《打击洗钱条例》要求，提供加密资产服务的机构除了持有传统证券行业的牌照外，还需要申请加密资产服务商牌照，实行“双重发牌”要求。所有在中国香港运营的虚拟资产交易平台都必须获得牌照，并遵守反洗钱和打击恐怖主义融资规定。

（二）NFT

由于非证券型代币通常不具有金融属性，用于特定应用场景的代币或数字艺术品（如 NFT），这类虚拟资产的监管相对宽松，未将其纳入强制监管范围。但中国香港认可金融化 NFT 的存在，将 NFT 宏观分为金融证券类和非金融证券类 NFT 两部分。早在 2022 年，香港证监会就注意到了 NFT 的风险，并发布《提醒投资者注意与不可替代代币相关的风险》公告。如果 NFT 具有金融化特征，香港证监会将会对其进行监管，并厘清了需要接受监管的 NFT 类型。如果 NFT 是收藏品的真实数字表示，则相关活动不在监管范围内。如果 NFT 构成集资权益，则营销或分发 NFT 可能构成受监管活动。

（三）游戏资产、社交媒体账号与附属权益

中国香港对游戏类资产的监管同样体现了分类监管特征。若游戏代币、游戏道具符合“集体投资计划”特征，如可交易、预期收益等，即被香港证监会（SFC）认证为证券，依据《证券及期货条例》进行监管。对于可充值兑换法币的游戏币，香港金融管理局（HKMA）将其定性为储值支付工具，依据《支付系统及储值支付工具条例》（SVF 条例）监管，要求发行方需持有储值支付牌照，用户充值资金禁止混合运营资金等资金隔离要求。对于游戏皮肤、游戏装备等非交易型虚拟资产由消费者委员会根据《网络游戏运营商守则》进行监管，要求游戏商必须公开虚拟商品获取概

率（如宝箱掉落率），不得以虚假宣传诱导消费等。

针对社交媒体账号及其附属权益，香港法院遵循平台条款优先、附属权益分割的原则，即认可社交媒体《服务协议》的法律效力，用户仅获得账号使用权，所有权和数据控制权归平台所有，创作者通过账号获得的虚拟礼物、打赏收益等视为用户财产，可独立于账号存在。与可充值兑换法币的游戏币类似，此类虚拟礼物、打赏收益被香港金融管理局认定为储值支付工具，适用《支付系统及储值支付工具条例》（SVF 条例）关于牌照管理、资金隔离、手续费透明披露等监管要求。

第二节　境外监管机构的监管实践

在虚拟资产快速发展的大背景下，国际社会对虚拟资产广泛关注。2018 年 3 月召开的二十国集团峰会要求国际标准制定机构密切关注虚拟资产的潜在风险并研究提出监管框架。不少国际金融监管机构结合自身职责定位，从不同角度研究提出了对虚拟资产的监管建议。

一、巴塞尔银行监管委员会

巴塞尔银行监管委员会（BCBS）主要负责制定银行监管标准，发布的监管框架和建议旨在确保银行在参与虚拟资产相关活动时能有效管理风险。BCBS 将虚拟资产分为高风险和低风险虚拟资产两类，高风险包括无担保的加密货币（如比特币、以太坊），其价值高度波动且缺乏内在价值支撑，低风险包括稳定币和其他有资产支持的加密资产，其资产相对稳定。BCBS 要求，银行在参与虚拟资产相关活动时，必须根据其风险特征采取相应监管措施，高风险虚拟资产的资本要求适用 1250% 的风险权重，低风险虚拟资产则适用于与传统资产类似的风险权重。BCBS 强调，银行对虚拟资产的总敞口不得超过其一级资本的 2%，对高风险虚拟资产的敞口应进一步限制。银行应识别与虚拟资产相关的风险，如市场风险、信用风险、操作风险、流动性风险等，并定期评估其影响。BCBS 对稳定币提出了额外的监管要求，稳定币发行方应持有充足的高质量流动性资产作为储备，以确保稳定币的价值稳定，并定期披露储备资产的构成和审计结果。

二、金融稳定理事会

金融稳定理事会（FSB）的核心职责为监测和评估全球金融体系的风险，主要关注虚拟资产对全球金融稳定的潜在影响，于 2018 年建立全球虚拟资产监测框架，分析可能影响金融稳定的主要风险点及其传播渠道。近年来，FSB 重点研究稳定币对全球金融稳定的影响，2020 年发布《应对全球稳定币带来的监管挑战（征求意见稿）》，基于一致性原则（same business，same risk，same rules）和技术中立原则，提出了应对全球稳定币挑战的十项监管原则。该征求意见稿提出，全球稳定币基本可以纳入现行监管规则框架，但需要具体问题具体分析，根据不同稳定币的运行机制和经济功能，厘清所应适用的具体规则和监管机构之间的职责划分；若还有监管空白，再考虑制定补充规定。FSB 呼吁各国监管机构加强数据收集和信息共享，以更好了解虚拟资产市场的规模和风险；呼吁各国采用一致性监管标准，特别是在反洗钱、反恐融资和投资者保护方面；呼吁各国监管机构加强对去中心化金融（DeFi）的风险评估和监管框架，确保其活动不会对金融稳定构成威胁。

三、国际证监会组织

国际证监会组织（IOSCO）的监管框架基于其核心目标，即保护投资者、确保市场公平透明、减少系统性风险。IOSCO 强调对证券属性的判定和技术中立原则，若虚拟资产符合证券定义，如具备投资属性、收益预期或由中心化主体发行，则需纳入证券监管框架，而无论资产是以传统模式还是区块链技术发行，均适用相同的监管标准。IOSCO 将符合证券定义的代币视为传统证券的数字化形式，要求其遵守证券法相关要求。IOSCO 强调虚拟资产市场的高风险性，要求加强投资者保护，交易平台要向投资者明确提示交易风险，需对投资者进行风险承受能力评估，限制非专业投资者参与高风险交易，禁止虚假宣传和市场操纵。对于新兴领域，若 NFT 具有证券属性，也需纳入证券监管。

四、金融行动特别工作组

金融行动特别工作组（FATF）是国际反洗钱（AML）和反恐融资（CFT）的标准制定机构，提出监管标准和建议以应对虚拟资产可能被用于洗钱、恐怖融资和其他非法活动的风险。FATF 提出的“旅行规则”（travel rule）是虚拟资产监管的核心要求之一，要求虚拟资产服务提供商

（VASP）在虚拟资产转账时，收集并共享交易双方的信息，确保虚拟资产交易的可追溯性，该标准适用于所有超过一定金额（通常为1000美元或欧元）的虚拟资产交易，FATF要求各国对虚拟资产服务提供商实施注册或牌照管理，并确保其遵守AML/CFT规定，履行实施客户尽职调查和了解客户程序、监控交易并报告可疑活动、保存交易记录至少五年等义务。FATF会通过同行评审机制，定期评估各国对虚拟资产监管标准的实施情况，对未完全实施标准的国家提出改进建议。

第三节　我国当前虚拟资产监管的风险与挑战

一、我国当前虚拟资产监管现状

（一）监管主体与职责分工

我国虚拟资产主要监管主体包括：公安部、最高人民法院、最高人民检察院、司法部、财政部、中国人民银行、金融监管总局、证监会、中央网信办、工业和信息化部等中央部门和地方相关部门，这些单位根据各自职责，对虚拟资产相关业务活动进行监管，相关情况如表5–1所示。

表5–1　我国虚拟资产监管部门及政策依据

监管部门	主要职责	政策工具
公安部、最高人民法院、最高人民检察院、司法部、财政部	涉及虚拟资产刑事案件办理、负责金融犯罪审判及新兴金融纠纷裁决、罚没虚拟资产处置	《中华人民共和国刑事诉讼法》《中华人民共和国数据安全法》《罚没财物管理办法》等

续表

监管部门	主要职责	政策工具
中国人民银行、金融监管总局、证监会	制定虚拟货币监管政策，防范金融风险、查处非法集资和ICO等涉虚拟资产的金融违法活动等	《关于防范比特币风险的通知》《关于防范代币发行融资风险的公告》《关于进一步防范虚拟货币交易炒作风险的通知》《防范和处置非法集资条例》等
中央网信办	监管区块链信息内容，打击非法信息传播	《区块链信息服务管理规定》（2019）
工业和信息化部	管理区块链技术研发与应用，规范矿机生产	《关于整治虚拟货币“挖矿”活动的通知》（2021）
国家发展改革委	将虚拟货币“挖矿”列入淘汰类产业，严控能耗	《产业结构调整指导目录（2019年本）》修订（2021年新增“挖矿”淘汰条款）

（二）核心监管措施与实践

1. 交易端：全面禁止与风险隔离

关闭境内交易所：2017年后，火币、OKEx[①] 等平台停止中国大陆用户服务，境内仅存场外交易（OTC）转入地下。

切断法币通道：银行与支付机构不得为虚拟货币交易提供账户开立、资金划转等服务（典型案例：2021年6月21日，人民银行有关部门就银行和支付机构为虚拟货币交易炒作提供服务问题，约谈了工商银行、农业银行、建设银行、邮储银行、兴业银行和支付宝（中国）网络技术有限公司等部分银行和支付机构[②]）。

打击跨境交易：通过外汇管制监测资金异常流动，如2023年查处多起通过“贸易对冲”进行虚拟货币跨境结算的案件[③]。

① 资料来源：火币官网、OKEx官网。

② 人民银行就虚拟货币交易炒作问题约谈部分银行和支付机构，虚拟货币交易监测力度加强［EB/OL］. 网易新网，2021-06-21.

③ 资料来源：国家外汇管理局官网。

2. 资产端：遏制发行与流通

禁止首次代币发行（ICO）：2017 年至今，境内未批准任何 ICO 项目，境外 ICO 向中国公民募资亦属违法（如 2022 年“波场”孙宇晨被立案调查）。

清理“挖矿”活动：2021 年内蒙古、四川等地关停比特币矿场，全网算力短期下降 50%[①]（剑桥大学数据）。

封禁 NFT 炒作：2022 年微信、支付宝等平台下架数字藏品二级市场交易功能，限制转赠次数[②]。

3. 技术端：穿透式监管工具

区块链地址追踪：国家互联网金融安全技术专委会建立“虚拟货币交易追踪平台”，监控重点地址资金流向。

大数据风险预警：通过分析银行流水、社交软件关键词（如“USDT”“搬砖”），识别可疑交易群体。

监管沙盒试点：北京、上海等地开展区块链技术合规应用试验，但明确排除虚拟货币相关场景。

二、监管逻辑

（一）主要考虑

金融安全优先：防范虚拟资产价格波动引发系统性风险（如 2021 年“519”比特币暴跌导致杠杆交易者爆仓超 400 亿元[③]）。

---

① 资料来源：剑桥比特币电力消耗指数（CBECI）。

② 多平台“封堵”数字藏品二级交易［EB/OL］. 新浪财经，2022-06-22.

③ 资料来源：CoinGlass 爆仓统计。

资本管制需求：遏制通过虚拟货币进行资金外逃（据 Chainalysis 统计，2022 年中国大陆通过 OTC 流向境外的虚拟货币价值超 100 亿美元①）。

能源与碳减排：比特币挖矿年耗电量曾占全国的 0.6%②（2020 年数据），与“双碳”目标直接冲突。

（二）监管特点及趋势

一是严格禁止金融化炒作，对虚拟货币交易活动进行风险提示。各地金融监管部门多次发布风险提示，重申虚拟货币“非法金融活动”属性，强调其不具备法定货币地位，禁止一切相关交易。同时，将“稳定币”等新概念列为风险高发领域，指出不法分子常以“高收益”“数字资产创新”为幌子吸收公众资金，本质多为庞氏骗局或洗钱工具。二是探索 RWA 的合规路径，提出“真实数据资产（RDA）概念。国内在禁止虚拟货币的前提下，允许国企和科技企业在特定领域试验 RWA。同时，将数据要素纳入资产化范畴，但要求通过区块链确权、隐私计算等技术保障合规性，避免数据滥用。三是强化跨境协同与风险隔离，借力中国香港政策试验田。要求境内机构不得为境外虚拟资产交易提供引流、技术支持或清算服务。投资者需警惕“跨境炒币”“代购代卖”等行为，避免卷入洗钱链条。同时，以中国香港《稳定币条例》颁布和实施为契机，探索我国虚拟资产发展和监管跨境合作双轨并行路径。

目前，对虚拟资产的监管核心在于“分域切割”与“动态平衡”，具体情况如表 5–2 所示。

---

① 资料来源：《2023 年加密货币地理报告》。

② 资料来源：CBECI 全球挖矿地图。

表 5–2　　虚拟资产的监管特点

领域	监管重点	具体措施
金融投机领域	严格禁止	• 取缔虚拟货币交易活动 • 打击非法集资与诈骗 • 切断境外交易所境内服务
资产代币化领域	审慎探索	• 限定场景与资产类型 • 试验 RWA/RDA • 企业开展试点项目
跨境联动领域	协同防控	• 借力中国香港政策试验田 • 防范境外风险传导 • 探索跨境应用

三、我国当前虚拟资产监管面临的风险和挑战

（一）法律地位不明确导致监管困境

我国现有针对虚拟货币的规定多为部门规章或通知，法律效力层级较低，且内容较为零散。这导致监管部门在执法过程中缺乏明确的法律依据和指导标准。且不同地区和部门在虚拟货币监管政策上存在差异，导致监管标准不一致、执法力度不统一等问题。

（二）规范市场秩序难度大

虚拟货币方面，虚假交易所、假代币等诈骗事件层出不穷，严重扰乱了金融市场秩序，给投资者带来了巨大的经济损失。数字藏品方面，市场对认定资质、发行模式、交易规则、参与者权责等缺乏针对性监管规则，存在大量投机炒作、版权盗用、非法集资等违法行为。一些平台通过操控市场价格、限制用户提现等手段牟取暴利，严重损害了消费者的合法权益。一些平台未要求用户提交作品的权属证明就直接上链并通过审核，导致数字藏品经常陷入版权争议。近年来，已有数十家数字藏品平台宣布停发数

字藏品或进行用户退款、彻底终止服务。这些平台往往存在资金链断裂、违规经营等问题，导致用户遭受损失。

（三）跨境监管难度大

虚拟货币具有匿名性和跨境特性，使得监管部门难以追踪和打击相关犯罪行为，如洗钱、逃税和诈骗等。不同国家和地区对虚拟货币的监管标准和政策存在差异，跨境监管需要各国之间建立有效的信息共享机制。目前，我国与其他国家在虚拟货币监管信息共享方面仍存在不足，导致跨境监管协作存在困难。

（四）监管手段和技术升级挑战大

随着区块链技术的不断发展，近年来新型犯罪手段的不断涌现，例如，通过智能合约进行自动转账、利用混币器进行资金混淆等，导致监管难度和复杂性持续增加。监管部门在监管工具和方法上的创新滞后，尤其是在区块链技术、数据分析等方面的能力尚显不足，难以通过传统的监管手段对去中心化交易进行有效监管，对虚拟货币交易进行实时监控和预警。

第四节　启示与建议

当前对虚拟资产特别是其中的虚拟货币的认识是曲折和反复的，但无论如何对其意义和监管的认识是越来越清晰的，并且态度更加开放和积极。建议国内对虚拟资产要疏与堵结合，顺应世界潮流，监管需兼顾创新激励与风险防控，持续跟踪发展新趋势。短期内应聚焦反洗钱、分类监管和技术升级，长远看应通过推动制度建设、完善监管机制、加强国际合作等形成灵活且稳健的监管生态。

一、完善法律法规和监管框架

参考欧盟《加密资产市场监管法案》和美国《负责任金融创新法案》，出台《虚拟资产管理法》及配套制度规范，形成完整的虚拟资产保护和管理制度链条，并与现有法律适用衔接。通过司法解释明确虚拟资产继承、交易和侵权责任规则。强化反洗钱法律工具，将虚拟资产交易明确列为洗钱行为，完善跨境资金追踪的法律依据，推动国际准则制定互认，全面落实 FATF 国际监管规则。

二、建立虚拟资产监测分析机制

推动实现数据整合与共享，构建国家级区块链监控平台，实时采集虚拟资产交易数据（如链上地址、交易频率和金额），并与公安、税务部门共享信息，以识别异常交易模式。构建动态风险评估模型，利用大数据和 AI 技术分析市场波动性、杠杆率等指标，建立风险预警系统。加强信息披露标准化，强制交易平台定期提交交易报告，确保数据透明。设定保留交易记录年限，配合监管审计。

三、建立虚拟资产分类监管体系

针对不同类型资产制定差异化监管规则，对于证券型代币，纳入《中华人民共和国证券法》监管，要求发行方履行信息披露义务，适用投资者适当性管理。对于商品型代币，由商品监管部门负责，规范现货交易市场，禁止价格操纵。对于支付型代币（如稳定币），纳入央行监管体系，要求储备资产透明化，限制发行规模，确保价值稳定。对于功能性代币（如 NFT），明确知识产权归属，纳入市场交易机制。

四、加强技术研发和创新

利用区块链技术实现交易溯源，结合零知识证明技术平衡隐私保护与监管需求。推动量子加密、隐私计算等技术在虚拟资产领域的应用，防范黑客攻击和数据泄露。开展试点先行，允许合规企业测试跨境支付、数字人民币互操作性等创新场景。开发国家级区块链监控平台，实时追踪虚拟资产流向，识别混币、跨链转移等异常交易。规范境内平台使用可审计的智能合约，对代码漏洞导致的损失追究开发者或部署者责任，实施技术穿透式监管。

五、推动国际合作与标准化建设

积极参与国际规则制定，在 G20、FATF 等框架下推动全球统一监管标准，落实 FATF“旅行规则”和反洗钱要求。牵头签订双边与多边协议，与新加坡、欧盟等主要司法管辖区签订合作协议，简化跨境取证和资产冻结流程。加强技术标准互认，推动区块链互操作性协议和数字身份认证标准的国际化，降低跨境交易摩擦。建立虚拟资产跨境流动监测机制，通过国际协作打击洗钱、逃税等违法行为。

六、加强市场波动预警与投资风险防范

动态风险监测，建立市场杠杆率、流动性缺口等指标监测体系，对高波动资产（如加密货币）设置熔断机制。完善投资者保护措施，规定平台对高风险产品标注警示信息，限制非专业投资者参与杠杆交易。要求平台设立赔偿准备金，并为用户资产购买商业保险。建立全国统一的投诉处理平台，设立赔偿准备金。推行“用户存款保险制度”，要求平台购买商业保险，覆盖黑客攻击或技术故障导致的资产损失。

总的来看，我国虚拟资产监管需坚持“立法先行、风险为本、技术赋能、国际合作”四大原则。短期内应聚焦反洗钱、投资者保护和市场秩序维护，出台分类监管细则；中长期需推动技术标准化与国际化，参与全球规则制定。通过构建灵活且稳健的监管框架，既防范金融风险，又为数字经济发展提供创新空间，助力我国在全球虚拟资产领域占据战略主动地位。

参 考 文 献

1. 陈耿钊 . 香港虚拟资产交易平台监管政策研究［J］. 经贸法律评论，2022（6）：110–128.

2. 程益文 . 欧盟加密资产市场监管法案实施情况及相关启示［EB/OL］. 中国金融新闻网，2025–03–17.

3.《打击洗钱及恐怖分子资金筹集条例》（2022）.

4. 德国《银行法》（KWG）（2025 修订）.

5. 冯思杰 . 浅析社交媒体账号之权利归属［EB/OL］. 四川倬信律师事务所，2023–04–28.

6. 韩国《虚拟资产用户保护法》（2023）.

7.《建立比特币战略储备及美国数字资产储备库》（Establishment of the Strategic Bitcoin Reserve and United States Digital Asset Stockpile）（2025）.

8. 李伟 . 虚拟资产反洗钱监管新动向［J］. 中国银行业，2022（3）：58–61.

9. 李文红 . 虚拟资产的国际监管思路及其对建立防范互联网金融风险长效机制的启示［J］. 金融监管研究，2020（8）：1–15.

10.《美国关于确保负责任地发展数字资产的行政令》（Executive Order

on Ensuring Responsible Development of Digital Assets）（2022）.

11.《美国数字资产负责任发展框架》（Framework for Responsible Development of Digital Assets）（2022）.

12.《美国稳定币创新指导与建立法案》（Guiding and Establishing National Innovation for US Stablecoins Act）（2025）.

13.《美国证券法》（Securities Act of 1933）.

14.《美国证券交易法》（Securities Exchange Act of 1934）.

15.《欧盟加密资产市场监管法案》（Markets in Crypto-assets Regulation，MiCA）（2024）.

16.《欧盟通用数据保护条例》（General Data Protection Regulation，GDPR）（2018）.

17.《日本防止犯罪所得转移法》（Act on Prevention of Transfer of Criminal Proceeds，APTCP）（2023 修订）.

18.《日本金融工具和交易法》（2007）（Financial Instruments and Exchange Act，FIEA）.

19.《日本支付服务法》（Payment Services Act，PSA）（2025 修订）.

20.《日本资金结算法》（Funds Settle Act）（2025 修订）.

21.《商品交易法》（Commodity Exchange Act，CEA）（2011）.

22.《统一受托人访问数字资产法》（Uniform Fiduciary Access to Digital Assets Act，UFADAA）（2014）.

23.《香港稳定币条例》（2025）.

24.《香港证券及期货条例》（2003）.

25.《新加坡金融服务和市场法案》（Financial Services and Markets Act）（2025）.

26.《新加坡金融科技监管沙盒指南》（Fintech Regulatory Sandbox Guidelines）（2016）.

27.《新加坡数字代币发行指引》（A Guide to Digital Token Offerings）（2017）.

28.《新加坡证券与期货法》（Securities and Futures Act，SFA）.

29.《新加坡支付服务法案》（Payment Services Act，PSA）（2019）.

30.《有关香港虚拟资产发展的政策宣告》（2022）.

31. 章丹霞 . 虚拟资产的国际反洗钱监管标准及实践对我国的启示[J]. 金融会计，2022（4）：62-68.

32. Takafumi Ochiai et al.,（2025）Japan's crypto-asset，stablecoin and security token regulations.

33. Susannah Hammond，Todd Ehret（2022）Cryptocurrency regulations by country.

34. FSB，2019，Crypto-assets：Work Underway，Regulatory Approaches and Potential Gaps.

后　记

虚拟资产的研究是一个复杂的过程，其涵盖领域之繁多、影响范围之广阔、内核逻辑之复杂、发展形势之快、蕴含潜力之巨大，远远超出了我们最初的预想。撰写《从零到一：开启虚拟资产新纪元》的过程，本身就是一个不断学习、探索、辨析与重构认知的旅程。回顾写作历程，我们深感这一领域的复杂性与多维性。它不仅是技术的革新，更可能是生产关系的变革；不仅是财富的再分配，更是国际货币结构的重塑；不仅是效率的提升，更是价值观念的碰撞。虚拟资产的发展，始终伴随着理想主义的光芒与现实主义的考量、去中心化的愿景与中心化力量的博弈、全球化的协作与地缘政治的角力。理解它，需要我们跳出单一维度，拥抱复杂性。虚拟资产对经济社会的各个方面，都将是一场革命。

考虑当前国内对于加密货币监管的严谨形势，本书没有单一聚焦虚拟货币。当前国内虚拟资产的理论研究和实践均处于探索阶段，本书在编写过程中对一些材料、数据、案例的收集也存在一定困难。我们力求通过案例的形式普及相关知识，绕开复杂的技术解析、经济金融理论和专业司法术语，便于读者更加全面理解虚拟资产的发展。但同时，我们也致力于深入剖析虚拟资产的内核，包括技术基础（区块链、智能合约、共识机制）、经济模型和对金融体系的影响（稳定币储备、RWA）、法律属性与监管挑战。本书的初衷，是试图在喧嚣与泡沫、狂热与未知交织的虚拟资产世界中，搭建一个相对理性、客观、系统化的认知框架。我们尝试将多学科的视角融会贯通，为读者勾勒一幅更为清晰的虚拟资产全景图。

通过编写本书我们深刻认识到，虚拟资产最大的特点就是其高速迭代与不确定性。在本书付梓之际，新的制度协议、新的应用场景、新的监管动态仍在层出不穷。我们所呈现的“现状”，可能很快就会被新的实践所超越；我们所分析的“挑战”，可能正在被创新的解决方案所应对；我们所展望的“未来”，也可能因不可预见的变量而呈现出不同的路径。这并非本书的局限，恰恰是虚拟资产固有的魅力与挑战所在。它提醒我们，任何对虚拟资产的“定论”都是暂时的，持续学习、开放心态和批判性思维是理解这一领域的必备素养。

在此，我们要诚挚地感谢所有为本书成稿提供支持与帮助的人们。感谢每一位参与本书撰写、审阅、讨论的专家学者，是你们深厚的学养、严谨的态度和建设性的意见，确保了内容的深度与广度。本书一些内容、数据和案例引用自媒体，由于无法明确作者及出处在此不一一列出，为此深表感谢。感谢我们的编辑团队，以高度的专业精神和耐心，陪伴我们跨越重重障碍。更要感谢所有关注虚拟资产发展的读者们，你们的思考、质疑和实践，是推动这一领域不断前行的根本动力。

《从零到一：开启虚拟资产新纪元》的完成，并非探索的终点，而是一个新的起点。我们希望本书能成为读者理解这一变革性领域的一块基石，激发更深入的思考、更理性的讨论和更负责任的实践。展望未来，虚拟资产的发展仍将充满未知，监管框架在全球范围内持续演变，技术瓶颈有待突破，大规模应用落地的挑战依然存在。我们希望本书的出版能引起有关部门的重视，加强对虚拟资产特别是虚拟货币的持续关注。无论虚拟资产的未来形态如何演变，其核心所承载的，是人类对更美好、更可信、更自主的数字经济未来的不懈追求。在这条星辰大海的征途上，愿我们都能保持好奇，保持审慎，保持探索的勇气。